Kathrin Reckling-Freitag

# Bibliothekspädagogische Arbeit

## Grundlagen für MitarbeiterInnen in (Schul-)Bibliotheken

debus PÄDAGOGIK

**Bibliografische Information der Deutschen Nationalbibliothek**
Die Deutsche Nationalbibliothek verzeichnet diese Publikation in der Deutschen Nationalbibliografie; detaillierte bibliografische Daten sind im Internet über http://dnb.d-nb.de abrufbar.



**www.debus-paedagogik.de**


Programmleitung: Peter E. Kalb
Umschlaggestaltung: Ohl Design
Gesamtherstellung Wochenschau Verlag
Titelbild: © dpa – Report Hans Wiedl

ISBN 978-3-95414-086-2 (Buch)
ISBN 978-3-95414-087-9 (E-Book)

„Also lautet ein Beschluss:
Dass der Mensch was lernen muss.“[1]
„Lernen kann man, Gott sei Dank,
aber auch sein Leben lang.“[2]

[1] Lehrer Lämpel im Vierten Streich von Max und Moritz, Wilhelm Busch

[2] Text auf der Sonderbriefmarke „Lebenslanges Lernen“ von 2001 der Künstler Sibylle und Fritz Haase

## „DANKE“

So ein Buch entsteht nicht von alleine.

Daher danke ich allen, die mich bei der Erstellung dieses Buches unterstützt haben:

- Meinem Mann, der immer hinter mir stand und mich in meinen Vorhaben unterstützt und begleitet.
- Meinen Studierenden an der HAW Hamburg, die die Vorlesung, die zu diesem Buch den Ausschlag gegeben hat, mit ihren Fragen und Ideen bereichert haben. Erst ihr Wunsch „Ist das zitierbar?“ hat mich dazu gebracht, meine Skripte in Buchform zusammenzustellen.
- Meinen Kolleginnen Kirsten Lange, Angelika Rust und Gabi Christiansen, die als Testleserinnen dieses Buch mit ihrem Blick aus der Praxis unter die Lupe genommen haben.
- Und Birte Söth, die eine wunderbare Korrekturleserin ist.
- Und den vielen, vielen Kolleginnen und Kollegen in den Büchereien und in meinen Seminaren, die sich immer wieder meine Ideen und Gedanken zur Bibliothekspädagogik anhören und mit mir diskutieren.

# Inhalt

# Teil 2

## Verwendete Symbole

| Symbole | Bedeutungen |
|---|---|
|  | Zum Selbermachen: Praxisaufgabe |
|  | Zum Weiterlesen: Literaturhinweise |
|  | Zum Surfen: Linktipps, Downloads |
|  | Zum Organisieren: Checklisten |
|  | Zum Strukturieren: Lernziele |

## Verwendete Abkürzungen

| | |
|---|---|
| KMK | Kultusministerkonferenz |
| SchulG | Schulgesetz |
| SuS | Schüler und Schülerinnen |

# 1. Einleitung

## Wie es zu diesem Buch kam ...

Stellen Sie sich vor, Sie haben vor 20 oder 30 Jahren Bibliothekswesen studiert. Wie sehr hat sich die Zeit heute verändert! Der Beruf ist nicht mehr der gleiche, wie noch zu unseren Studienzeiten. An Bibliotheken werden heute ganz andere Aufgaben herangetragen – Bibliotheken sind nicht mehr hauptsächlich Orte zum Bewahren und Bereitstellen von Wissen, Büchern und anderen Medien. Sie sollen heute vermitteln: Informationskompetenz, Medienkompetenz, Recherchekompetenz, – an Schüler und Schülerinnen, an Erwachsene, an Berufstätige. Bibliotheken sollen Inklusion betreiben, Migranten und Flüchtlinge versorgen, Anteil nehmen am gesellschaftlichen Leben ihrer Stadt oder Gemeinde, als Bildungspartner zur Verfügung stehen und in den örtlichen Netzwerken mitarbeiten.

Aber fühlen Bibliothekarinnen[1] sich damit nicht auch überfordert? „Das haben wir nicht gelernt" – sagen einige und verweisen die neuen Aufgaben zurück an andere Berufsgruppen: an Lehrkräfte, an Pädagoginnen der unterschiedlichsten Richtungen, an Medienpädagoginnen, an Jugend- und Sozialarbeiterinnen. Aber viele sehen in diesen Veränderungen auch neue Chancen für die Bibliotheken.

Die Aufgaben der Bibliotheken in unserer digitalen Gesellschaft sind andere geworden. Auch die Anforderungen an unseren Berufsstand haben sich verändert. Bibliothekspädagogische Grundlagen werden heute schon während des Studiums vermittelt. Wie kommen aber diejenigen zu diesen Grundlagen, die schon länger im Beruf sind? Inzwischen entstehen einige fundierte Fortbil-

1 Damit der Text gut lesbar bleibt, wird weitgehend die weibliche Form „Bibliothekarin" verwendet. Dies drückt den hohen Anteil an Frauen in der bibliothekspädagogischen Arbeit aus. Männliche Kollegen sind natürlich ebenfalls herzlich willkommen und mit eingeschlossen.

dungsreihen und Weiterbildungsangebote zu Lese- und Literaturpädagogen oder Teaching Librarians. Um für diese neuen Anforderungen gerüstet zu sein, wollen sich Bibliothekarinnen mit bibliothekspädagogischen Grundlagen fit machen.

Aber wie sieht es in der Realität der kleinen und mittleren Bibliotheken aus? One-Person-Libraries, Personalmangel, Stellenkürzungen usw. erschweren ein derartiges Engagement. Heute ist vernetztes Lernen gefragt, Lernen kann raum- und zeitunabhängig stattfinden. So können neue Wege entstehen, die die jetzt so nötigen bibliothekspädagogischen Lehrinhalte bis in die kleinen Bibliotheken tragen.

Hierfür möchte dieses Lese- und Arbeitsbuch einen Beitrag leisten.

Für meine Vorlesung an der Hochschule für Angewandte Wissenschaften in Hamburg „Bildungspartner Bibliothek und Teaching Library in der Praxis“ habe ich meine Erfahrungen der vergangenen 10 Jahre in der Arbeitsstelle Bibliothek und Schule der Büchereizentrale Schleswig-Holstein als Grundlage genommen. Ich habe die Inhalte für die aktive Vermittlung an Studierende und an die Teilnehmerinnen meiner Seminare erweitert und aufbereitet. Das immer umfangreicher werdende Skript wird nun durch dieses Buch in Form gebracht und einem größeren Kreis von Leserinnen zur Verfügung gestellt.

Zielgruppe für dieses Buch sind alle Mitarbeiterinnen in Bibliotheken, die …
… bibliothekspädagogische Angebote konzipieren, anbieten und durchführen.
… in den letzten Jahren oder Jahrzehnten ihren Abschluss/ihre Ausbildung gemacht haben, als Bibliothekspädagogik noch kein Thema war.
… als Quereinsteigerinnen oder ehrenamtlich Tätige in das Bibliothekswesen gekommen sind.
… ihre Angebote nicht nur aus dem Bauch heraus durchführen möchten, sondern sich auf praxisnahe pädagogische Grundlagen stützen möchten.
… in Verhandlungen und Gesprächen mit Kooperationspartnern (z. B. Schulen) ein fundiertes Gesamtkonzept bieten möchten, das auch den (vermeintlich kritischen) Blicken von Lehrkräften und anderen Bildungsträgern standhält.

## Konzept dieses Buches

Hierbei möchte ich Sie mit diesem Buch unterstützen. Sie finden hier eine Zusammenstellung der grundlegenden Werkzeuge, die man für die alltäglichen bibliothekspädagogischen Angebote benötigt. Dieses Buch ist sowohl als Lese- wie auch als Arbeitsbuch gedacht.

Zum einen soll es eine Einführung geben in die grundlegenden Fragen, auf denen die bibliothekspädagogischen Angebote beruhen. Von den bildungspolitischen Hintergründen, den curricularen Grundlagen bibliothekspädagogischer Angebote bis hin zu den Lerntheorien und didaktischen Überlegungen werden wesentliche Inhalte der notwendigen Theorie vorgestellt. Ein kleiner Blick in die Vielfalt der Methoden und die Interaktion mit Schülern und Schülerinnen bietet das notwendige Handwerkszeug, um die erstellten Konzepte dann auch in die Tat umsetzen zu können.

Die Idee dieses Buches ist es, Sie wie in einem imaginären Praxisseminar durch die Einstiege in die Bibliothekspädagogik zu begleiten. Ich möchte Ihnen eine Auswahl an Werkzeugen vermitteln, die Sie benötigen, um in der Praxis vor Ort ein selbstsicheres Gefühl in der pädagogischen Arbeit zu bekommen. Sie lernen hier Grundbegriffe der Pädagogik kennen. Sie lernen, durchdachte und strukturierte Konzepte für Klassenführungen und zur Vermittlung von Informations- und Medienkompetenz zu erstellen und können am Ende Ihre Angebote in ein Gesamtkonzept einordnen, dass Sie sowohl Ihren Lehrkräften, als auch Ihren Stadtverwaltungen vorstellen können.

Dieses Buch ist als "Arbeits"-buch gedacht – mit Übungen und Aufgaben, die Ihnen die Möglichkeit bieten, das Gelernte direkt in Ihre eigene Praxis umzusetzen. Sie werden – wie in einem Seminar – viele Hinweise und Tipps bekommen. Sie können die Arbeitsblätter als Vorlagen verwenden und damit immer wieder neue bibliothekspädagogische Konzepte erstellen. Auf diese Weise stellen Sie sich einen eigenen bibliothekspädagogischen Werkzeugkoffer zusammen, der Ihnen in Ihrer alltäglichen Arbeit wertvolle Dienste leisten wird.

Die Arbeitsblätter zum Download finden Sie unter www.zwischenseiten.com

Arbeitsblatt Lehrinhalte und Lernziele
Arbeitsblatt Zielgruppenanalyse
Arbeitsblatt Didaktischer Filter
Arbeitsblatt Planungsraster
Arbeitsblatt Checkliste

## Weiterführende Lektüre erwünscht

Dieses Buch ist als Grundlage für die eigene praktische Arbeit vor Ort gedacht. Daher ist es sehr praxisorientiert und beschränkt die theoretischen Hintergründe auf das, was direkt benötigt wird.

Für einige angrenzende Bereiche gibt es bereits sehr gute, fundierte Titel, die eine Vertiefung der Inhalte ermöglichen. Deshalb können diese Bereiche hier kurz gehalten werden.

Vor allem auf den im Herbst 2015 erschienenen Titel „Bibliotheksdidaktik“ von Wilfried Sühl-Strohmenger und Ulrike Hanke möchte ich hinweisen. Er legt mit seiner Zusammenstellung die wissenschaftliche Grundlage für eine fundierte Bibliotheksdidaktik.

**Literaturtipp**
Hanke, Ulrike; Sühl-Strohmenger, Wilfried: Bibliotheksdidaktik. Grundlagen zur Förderung von Informationskompetenz. – Berlin: deGruyter, 2016. – ISBN 978-3-11-035241-2

Das Gebiet „Informationskompetenz“ wurde bereits an anderer Stelle ausführlich behandelt. Dort finden Sie ausführliche wissenschaftliche Grundlagen und Theorien.

Ausgeklammert wird hier ebenfalls der Bereich der Lesesozialisation.

Auch zur Leseförderung an sich gibt es inzwischen theoretische Überblicke und ausführliche Konzeptsammlungen.

Ausgeklammert wird auch die wissenschaftliche Vertiefung von pädagogisch-didaktischen Hintergründen, die man in entsprechender Fachliteratur nachlesen kann.

Sie finden in diesem Buch auch keine fertigen Konzepte für lesefördernde oder Informationskompetenz vermittelnde Angebote. Dieses Buch soll als Werkzeugkasten dienen, der Ihnen hilft, selbst fundierte bibliothekspädagogische Konzepte zu entwickeln und umzusetzen.

# Teil 1

# 2. Warum „Bibliothekspädagogik"?

Bibliothekspädagogik ist eigentlich kein neues Thema. In den vergangenen Jahrzehnten wurden aus „Benutzerschulungen" in der heutigen Zeit „bibliothekspädagogische Angebote". Der Inhalt hat sich dem digitalen Zeitalter angepasst, die Ziele sind die gleichen geblieben: LeserInnen und NutzerInnen von Bibliotheken sollen fit gemacht werden für die (heute digitale) Wissensgesellschaft. Informationskompetenz ist eine zentrale Fertigkeit, die das Weiterkommen in unserer modernen Gesellschaft sichert. In manchen Publikationen wird Informationskompetenz als neue Basiskompetenz neben Lesen, Schreiben oder Rechnen genannt.

Holger Schultka hat in einem Artikel die Ziele der Bibliothekspädagogik treffend zusammengefasst:

„Die Bibliothekspädagogik will Individuen, die als Menschen gleich und aufgrund ihrer genetischen Dispositionen, ihrer Erfahrungen, ihrer Herkunft und ihrer Sozialisation verschieden, das meint: einzigartig, sind, darin unterstützen,

- sich Fakten und Informationen anzueignen,
- Wissen zu erwerben und zu konstruieren,
- zu schreiben, zu lesen, zu recherchieren, zu vergleichen, zu überprüfen und andere geistige Arbeitstechniken zu beherrschen,
- sich ihren Interessen gemäß frei zu entfalten und
- Werte zu diskutieren, zu vergleichen, abzuwägen und anzueignen oder abzulehnen." (Schultka 2005, 1471)

Damit hat er ein klares Bekenntnis dazu ausgesprochen, dass Bibliotheken sich pädagogisch betätigen sollen. Als neu sieht er die Forderung an, dass die Bibliotheken sich deshalb mit den Grundlagen der Pädagogik, der Didaktik und der dazu passenden verwandten Wissenschaften beschäftigen sollen. Nur diese Grundlagen sichern den Bibliotheken, dass sie als vollwertige Bildungspartner anerkannt werden. Diese Anerkennung spiegelt sich in den vielfältigen Kooperationen der Bibliotheken mit anderen Bildungsträgern (Schulen, Kindergärten usw.) in den Städten und Gemeinden wieder. Ausdruck einer gelungenen Integration der Bibliotheksangebote in das schulische Lernen ist die Aufnahme bibliothekspädagogischer Inhalte in das Programm und die Curricula der Schulen.

Der Begriff „Bibliothekspädagogik" wird auf verschiedenen Ebenen angewandt.

Zum einen umfasst „Bibliothekspädagogik" die konkreten Angebote und Serviceleistungen der Bibliotheken, die damit die unterschiedlichsten Zielgruppen bei der Erreichung verschiedenster Lernziele unterstützen möchten.

„Bibliothekspädagogik" ist aber auch das konkrete Handeln der Bibliothekarinnen bei Schulungen, Veranstaltungen und Angeboten.

„Bibliothekspädagogik" ist zum anderen die theoretische Auseinandersetzung mit dem pädagogischen Handeln und den didaktischen und psychologischen Grundlagen. Hanke und Sühl-Strohmenger haben dies zu einer „Bibliotheksdidaktik" zusammen getragen.

## 2.1 Kultur- und bildungspolitische Grundlagen

LERNZIELE

- Sie können Bibliotheken in das Bildungswesen Ihrer Stadt oder Kommune einordnen.
- Sie kennen die grundlegenden Argumentationen der Politik und der Bibliotheksverbände, und können begründen, welchen Stellenwert Bibliotheken als Bildungspartnerinnen haben.

**Wie ist das Bildungsnetzwerk in einer Stadt oder Gemeinde aufgebaut?**
Bibliotheken stehen nicht allein in ihren Städten oder Kommunen, sie sind Bestandteil der dort existierenden Bildungslandschaft. In diese Strukturen müssen sich die verschiedenen Angebote und Serviceleistungen der Bibliothek einfügen.

Den Kern einer jeden Bildungslandschaft bilden die Schulen, Berufsschulen und – wenn vorhanden – Hochschulen des Ortes. Im weiteren Umfeld finden sich dann diverse weitere Bildungsträger, die den Schulen zuarbeiten, diese ergänzen oder unterstützende Angebote bieten. In den Reigen dieser Anbieter stellt sich auch die Bibliothek. Ziel der Kooperation mit den Schulen muss es sein, die Zusammenarbeit aus der Beliebigkeit herauszuführen und die Angebote fest in den Schulprogrammen zu verankern. Das gilt vor allem dann, wenn die Stadt oder Kommune beschlossen hat, eine feste, strukturierte Bildungslandschaft in einem gemeinsamen Entwicklungsprozess zu installieren.

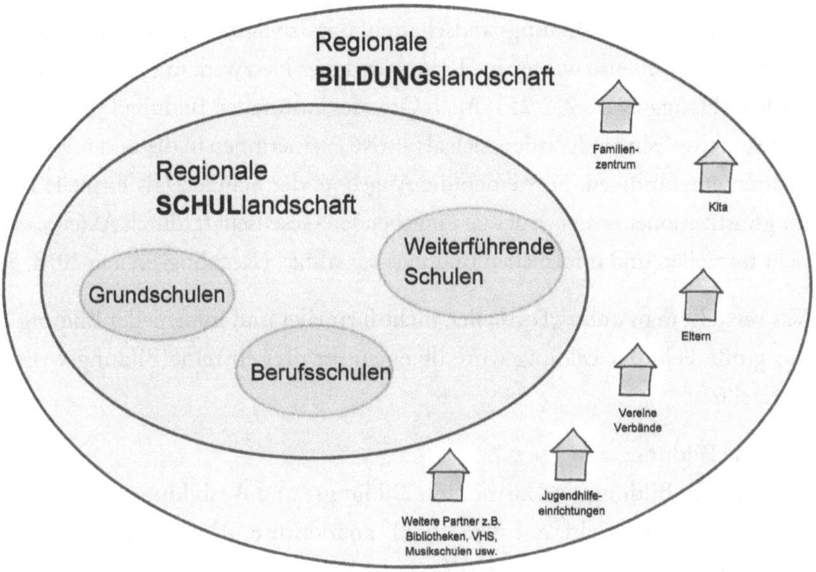


Abbildung 2: Struktur einer Bildungslandschaft nach Weiß 2011

Das Thema der festen, strukturierten Bildungslandschaften und den Möglichkeiten für Bibliotheken, sich in den dazu gehörenden Entwicklungsprozess einzubringen, ist aktuell seit in den Städten und Kommunen der Wunsch entstanden ist, alle Bildungsträger der Stadt zusammenzuführen und miteinander zu vernetzen:

„Das große Ziel der Gestaltung von Bildungslandschaften ist die Herstellung von Chancengerechtigkeit in der Bildung. Ein Ziel mit „großer gesellschaftlicher Relevanz“, zu dessen Erreichung Schmidt (Schmidt 2012, 15-17) alle Bildungsakteure einer Stadt oder Gemeinde gemeinsam in der Pflicht sieht. Die verschiedenen Bildungsakteure einer Kommune sollen im Sinne eines gemeinsam erarbeiteten, von allen getragenen Bildungskonzeptes zusammenarbeiten. Nur so können Kinder und Jugendliche unabhängig von sozialen Voraussetzungen gerecht gefördert werden. (Maykus 2009, 39)" (Reckling-Freitag 2013, 4)

„Die Art und Weise der Kooperation selbst wird verstärkt in den Blick genommen. Neben der Zusammenarbeit über Ämtergrenzen hinweg ist ein wesentlicher Bestandteil von Bildungslandschaften, dass zivilgesellschaftliche Akteure und Initiativen ebenso wie private Partner in dieses Netzwerk mit aufgenommen werden. (Haugg 2012, 212-213) Auch Orte der kulturellen Bildung (VHS, Bibliotheken usw.) sind aufgerufen, sich als aktive Partnerinnen in die Bildungslandschaften einzubringen. So werden die Angebote der Schulen (als formelle Bildungsinstitutionen) eng mit der sie umgebenden Gesellschaft (durch Akteure der nicht-formellen und informellen Bildung) verzahnt." (Reckling-Freitag 2013, 5)

**Was versteht man unter „Formeller, nicht-formeller und informeller Bildung"?**
Das große Feld der Bildung wird allgemein in drei einzelne Bildungswelten unterteilt:

Formelle Bildung:
Träger dieser Bildung sind anerkannte Bildungs- und Ausbildungseinrichtungen, deren Unterricht auf (staatlich) anerkannte Abschlüsse hinführt. (z. B. Schulen, Berufsschulen, Hochschulen).

Nicht-formelle Bildung:
Träger der Bildung sind zwar eigene Einrichtungen, aber der Besuch dieser Einrichtungen führt nicht zum Erwerb staatlich anerkannter Abschlüsse (z. B. Kindergarten, Kinder- und Jugendhilfe, Musikschule).

Informelle Bildung:
In dieser Bildungswelt wird vor allem in didaktisch nicht organisierten, alltäglichen Lebenszusammenhängen (Familie, Freunde) gelernt. Das Lernen findet unorganisiert, ungerichtet und „wild" statt. (Weiß 2011, 29)

Bezogen auf diese Unterteilung von Bildungsangeboten in formelle, nicht-formelle und informelle Bildung ordnet Schuldt Bibliotheken nicht einem einzelnen dieser Bereiche zu. Vielmehr sieht er die meisten Angebote von Bibliotheken als Unterstützungsangebote für die bereits vorhandenen formellen (z. B. Schulen) oder nicht-formellen (z. B. Kindergarten usw.) Bildungseinrichtungen. (Schuldt 2012, 27-40) In den letzten Jahren sind aber verstärkt Bestrebungen der Bibliotheken zu verzeichnen, durch Kooperationsverträge mit den Schulen und die Etablierung von bibliothekspädagogischen Spiralcurricula Bibliotheken als Teil der formellen Bildung zu festigen.

Schuldt (Schuldt, 152-154) sieht unterschiedliche Aufgaben für Bibliotheken in den drei verschiedenen Bildungswelten:

**formelle Bildung**
Bibliotheken sind in dieser Bildungswelt vorrangig als unterstützende Einrichtungen tätig.

**nicht-formelle Bildung**
Bibliotheken sind nicht nur als unterstützende Einrichtungen, sondern auch als eigenständiger Lernort anzusehen.

**informelle Bildung**
Bibliotheken dienen als Medienspeicher und eigenständiger Lernort.

### 2.1.1 Argumentationen und Positionen der Bibliotheksverbände

LERNZIELE

- Sie gewinnen einen Überblick über die verschiedenen bibliothekarischen Positionen.
- Sie können das Engagement Ihrer Bibliothek für bibliothekspädagogische Angebote fundiert begründen.

Die Bibliotheksverbände haben in den vergangenen Jahren verschiedene Positionspapiere zusammengestellt, die grundlegende Argumente für die Diskussion mit den politischen Trägern, Institutionen und Einrichtungen liefern. Auf Länderebene sind in den meisten Bundesländern auch Rahmenvereinbarungen mit den verschiedenen Ministerien abgeschlossen worden, die für Bibliotheken bzw. für Schulen zuständig sind. In diesen gemeinsamen Vereinbarungen sind grundlegende Aussagen zur Kooperation von Bibliotheken und Schulen vereinbart worden.

Es lohnt sich auch ein Blick in die Bibliotheksentwicklungspläne der einzelnen Landesverbände. Dort wird ebenfalls auf das Thema Bildungspartner Bibliothek und Kooperation Bibliothek und Schule eingegangen.

LINKTIPP
Auf der Seite des Deutschen Bibliotheksverbandes sind alle Landesverbände aufgeführt und die wichtigsten Papiere und Vereinbarungen zusammengestellt. http://www.bibliotheksverband.de/landesverbaende/

**Bibliothek & Information Deutschland (2011): Medien- und Informationskompetenz – immer mit Bibliotheken und Informationseinrichtungen!** Berlin. Online verfügbar unter http://www.bideutschland.de/download/file/Medien-%20und%20Informationskompetenz.pdf

Medien- und Informationskompetenz wird als Schlüsselqualifikation angesehen, um an der Informationsgesellschaft selbstbestimmt teilzunehmen. Für die Lösung der anspruchsvollen Aufgabe, Medien- und Informationskompetenz aller Menschen zu fördern stehen Bibliotheken als Experten in Recherche, Medien- und Informationskompetenz mit methodischer und informationswissenschaftlich-fachlicher Kompetenz zur Verfügung.

Aus dieser Position heraus werden weitreichende Forderungen an Bund, Länder und Kommunen herangetragen. So soll der Bund bspw. einen Gipfel für Medien- und Informationskompetenz einrichten, um die Gesellschaft für diese Aufgaben zu sensibilisieren. Die Länder werden aufgefordert, Medien- und Informationskompetenz in (teilweise noch zu schaffenden) Bibliotheksgesetzen und in allen Studiengängen zu verankern. Die Kommunen haben die Aufgabe, mit der Finanzierung der Bibliotheken und des entsprechenden Fachpersonals die Medien- und Informationskompetenzvermittlung sowohl für die Bevölkerung im Ganzen, als auch für die SuS und Auszubildenden zu fördern.

Konkrete Empfehlungen werden z. B. zur Einrichtung von Schulbibliotheken in allen Schulen, zur Errichtung von Standards für Medien- und Informationskompetenz und zur Stärkung der Partnerschaften von öffentlichen Bibliotheken, Volkshochschulen und weiteren lokalen Bildungsträgern gegeben.

**Gemeinsames Positionspapier mit den Kommunalverbänden**
Deutscher Städtetag; Deutscher Städte- und Gemeindebund; Deutscher Bibliotheksverband e. V. (2016): Bibliotheken als starke Vermittler für Bildung und Kultur in Städten und Gemeinden. Leitlinien und Hinweise zur Weiterentwicklung öffentlicher Bibliotheken. Berlin, Köln.

Online verfügbar unter http://www.bibliotheksverband.de/fileadmin/user_upload/DBV/positionen/final_160504_KS_Erklärung_Öffentliche_Bibliotheken.pdf.

Deutscher Städtetag, Deutscher Städte- und Gemeindebund und Deutscher Bibliotheksverband e. V.(DBV) stärken gemeinsam in ihrem Positionspapier „Bibliotheken als starke Vermittler für Bildung und Kultur in Städten und Gemeinden" den Bibliotheken in ihrer Rolle als Kultur- und Bildungsvermittler den Rücken.

Ziel des Positionspapiers ist die Bekräftigung des gemeinsamen Willens, eng zusammenzuarbeiten und Entwicklungsperspektiven für die Bibliotheksarbeit in den Städten und Kommunen aufzuzeigen. Die Verbände sehen Bibliotheken in einer wichtigen Schlüsselstellung bei der Aufgabe, Deutschland in eine zukunftsfähige Wissensgesellschaft zu überführen. Die Bibliotheken „sind heute weniger Bewahrer des Wissens als vielmehr moderne Bildungs- und Medienzentren mit einem umfassenden Vermittlungsauftrag. [...] Die Stadt- oder Gemeindebibliothek erfüllt hier als offener innerstädtischer Lernort eine weitere wichtige Funktion [...]." (Deutscher Städtetag, Deutscher Städte- und Gemeindebund & Deutscher Bibliotheksverband e. V. 2016, 3)

Nicht nur der DBV, sondern eben auch der Städtetag und der Städte- und Gemeindebund halten Bibliotheken für einen „unentbehrlichen Bestandteil der kommunalen Kultur- und Bildungsinfrastruktur". Sie fordern gemeinsam „eine flächendeckende Bibliotheksinfrastruktur gerade auch im ländlichen Raum" und „eine solide Finanzausstattung". (Deutscher Städtetag, Deutscher Städte- und Gemeindebund & Deutscher Bibliotheksverband e. V. 2016, 4)

Besonders hervorgehoben wird die Rolle der Bibliotheken als Lernort für die Frühförderung und die schulische Bildung. Kooperationsvereinbarungen auf lokaler Ebene sind weiterhin gefragt und bilden nach wie vor die Grundlage für eine effektive Zusammenarbeit von Kindertagesstätten, Schulen und Bibliotheken. Damit kommt den Bibliotheken – als Vermittlerinnen grundlegender Kulturtechniken – im Unterschied zu Sportvereinen, Musikschulen u.ä. eine besondere Rolle in der Bildungslandschaft zu.

Mit diesem Positionspapier wird die Rolle der Bibliotheken in einer zukünftigen Wissensgesellschaft neu bewertet und die Funktion als Bildungseinrichtung betont. Da Städtetag und Städte- und Gemeindebund gemeinsam mit dem DBV für dieses Papier stehen, stellen sich die Kommunen damit offiziell hinter die Bibliotheken. So wird diese Stellungnahme zu einer der derzeit wichtigsten Grundlagen für die Diskussion mit den kommunalen Trägern der öffentlichen Bibliotheken.

### 2.1.2 Gesetzliche und vertragliche Grundlagen

**LERNZIELE**

- Sie gewinnen einen Überblick über die gesetzlichen und vertraglichen Grundlagen, nach denen Bibliotheken Ihre Bildungsarbeit ausrichten können.

**Bibliotheksgesetze der Bundesländer**

Die Aufteilung in einzelne Bundesländer und die damit verbundene Kulturhoheit der Länder ist eines der größten Hemmnisse für die Ausgestaltung eines nationalen Bibliotheksgesetzes. Die Enquete-Kommission des Deutschen Bundestages hatte in ihrem Bericht „Kultur in Deutschland“ allen Bundesländern empfohlen, die Aufgaben und Finanzierungen der öffentlichen Bibliotheken durch Bibliotheksgesetze auf Länderebene zu regeln. Rechtlich bindend ist diese Empfehlung aber nicht.

**LINKTIPP**

Ausführliche Informationen zur nationalen Bibliotheksstrategie gibt der DBV auf seiner Seite unter http://www.bibliotheksverband.de/dbv/themen/bibliotheksgesetze.html

Eine jeweils aktuelle Übersicht über den Stand der Entwicklungen in den einzelnen Bundesländern hat der DBV hier zusammengestellt: http://www.bibliotheksverband.de/dbv/themen/bibliotheksgesetze/bundeslaender/stand-der-entwicklung.html

Einzelne Bundesländer haben bereits Bibliotheksgesetze verabschiedet. Die Stellung der Bibliotheken als Bildungspartnerinnen für Medien- und Informationskompetenzvermittlung, die Zusammenarbeit mit den Schulen und die Situation der Schulbibliotheken haben an vielen Stellen bereits Eingang in die Gesetzestexte gefunden.

Der derzeitige Stand ist: 16 Bundesländer – 6 Bibliotheksgesetze (Hessen, Nordrhein-Westfalen, Rheinland-Pfalz, Sachsen-Anhalt, Schleswig-Holstein, Thüringen)

Welche Aussagen lassen sich mit Hilfe der Bibliotheksgesetze zum Thema „Bibliothek und Schule" machen?

1. Welche Rolle weisen die Bibliotheksgesetze den Bibliotheken als Bildungseinrichtungen zu?
   Bibliotheken werden durchweg als Dienstleister der modernen Wissensgesellschaft gesehen. Sie sind Bildungseinrichtungen für lebenslanges Lernen und Orte der Information und Kultur.
2. Was sagen sie zur Aufgabe der Bibliotheken bei der Vermittlung von Lese-, Medien- und Informationskompetenz?
   Die Vermittlung und Förderung von Lese-, Medien- und Informationskompetenz wird in den meisten Bibliotheksgesetzen als Aufgabe der Bibliotheken klar benannt. Bibliotheken und Schulbibliotheken sind in besonderer Weise der Leseförderung von Kindern und Jugendlichen verpflichtet.
   (keine Aussage dazu aus NRW)
3. Wie wird die Zusammenarbeit von Bibliotheken und Schulen gesehen?
   Sowohl öffentliche, als auch wissenschaftliche Bibliotheken sollen mit den Schulen und den Schulbibliotheken zusammenarbeiten. Öffentliche Bibliotheken sollen die Schulen bei dem Aufbau und dem Betrieb von Schulbibliotheken unterstützen.
   (keine dazu Aussage aus NRW)
4. Wie stehen die Bibliotheksgesetze zu Schulbibliotheken überhaupt?
   Schulbibliotheken haben in Zusammenarbeit mit öffentlichen und wissenschaftlichen Bibliotheken die Aufgabe der Lese- und Lernförderung sowie

der Vermittlung von Medienkompetenz. Sie leisten damit einen wichtigen Beitrag zur Umsetzung des Bildungsauftrages der Schule.
(keine Aussage dazu aus NRW)

5. Welche Aussagen treffen die Bibliotheksgesetze zur fachlichen Betreuung von Schulbibliotheken bzw. zu den Aufgaben der Landesbüchereifachstellen?
   Die Beratung und Betreuung der Schulbibliotheken wird bei den meisten als Aufgabe der Fachstelle angesehen. Das betrifft bibliotheksfachliche Fragestellungen und die Aus- und Fortbildung der Mitarbeiterinnen in den Bibliotheken.
   In NRW wird keine Aussage zu Schulbibliotheken getroffen, aber das Land sieht sich in der Verantwortung, die öffentlichen Bibliotheken bei der Erfüllung ihrer Aufgaben zu unterstützen.

Leider hat keine Landesregierung sich zu Bibliotheken als Pflichtaufgabe bekannt. Aber die Wichtigkeit und bestehende finanzielle Unterstützung konnten in den meisten Gesetzen verankert werden.

Insgesamt können die bereits verabschiedeten Bibliotheksgesetze zum Thema „Bibliothek und Schule“ als Erfolg verbucht werden. Sowohl die Positionierung der Bibliothek als Bildungspartnerin, als auch als elementarer Bestandteil des Bildungssystems haben Eingang in die Gesetze gefunden. Selbst das Thema Schulbibliotheken ist angemessen benannt und gewürdigt worden.

**Rahmenvereinbarungen zwischen Ländern und Bibliotheksverbänden:**
In 14 von 16 Bundesländern haben die Bibliotheksverbände mit den jeweiligen Kultusministerien Rahmenvereinbarungen geschlossen, die die Zusammenarbeit von Bibliotheken und Schulen stärken sollen. Mit diesen Vereinbarungen wurden Bibliotheken als Bildungspartner anerkannt und die gemeinsamen Ziele der Kooperationen festgelegt.

In den meisten dieser Rahmenvereinbarungen sind konkrete Aufgaben und Ziele für die einzelnen Partner genannt. Die Themen reichen von den Besuchen der Schulklassen in den Bibliotheken, Einbindung der Bibliotheken in die Lehrpläne, Fortbildungen für Lehrkräfte und Bibliothekarinnen bis zur

Einbindung von Schulbibliotheken. Die (vor allem öffentlichen) Bibliotheken sind aufgerufen, diese Rahmenvereinbarungen durch Kooperationsverträge mit den örtlichen Schulen zu konkretisieren. Die Inhalte der Rahmenvereinbarungen können auf diese Weise in die Fläche getragen und mit Leben gefüllt werden.

LINKTIPP
Alle bisher geschlossenen Rahmenvereinbarungen hat der DBV auf seiner Internetseite zusammengestellt:
http://www.bibliotheksverband.de/dbv/vereinbarungen-und-vertraege/bibliothekschule-kooperationsvereinbarungen.html

### 2.1.4 Argumentationen der Bildungspolitik

LERNZIELE
- Sie lernen die verschiedenen politischen Positionen kennen.
- Sie können Ihre eigenen Argumente mit diesen Positionen in Verbindung bringen und sind für eine Diskussion gut vorbereitet.

Aus der Vielzahl von Papieren und Positionen habe ich hier nur Beispiele herausgegriffen, die deutlich machen, in welchen Rahmen sich die Bibliotheken mit ihren Angeboten einordnen und wie das Thema Informations- und Medienkompetenz in der Politik gesehen wird. Jedes Bundesland bietet aber auch aus seinen jeweiligen Schul- bzw. Kultusministerien eine große Anzahl von Stellungnahmen und Rahmenpapieren, die die Bedeutung und die Verankerung von Informations- und Medienkompetenz in der schulischen Landschaft beschreiben.

#### Die Kultusministerkonferenz

Ständige Konferenz der Kultusminister der Länder in der Bundesrepublik Deutschland (KMK) (2012): Medienbildung in der Schule. Beschluss der Kultusministerkonferenz vom 8. März 2012.

Online verfügbar unter http://www.kmk.org/fileadmin/veroeffentlichungen_beschluesse/2012/2012_03_08_Medienbildung.pdf

Anlass für die Erstellung dieser Stellungnahme war die drastische Veränderung der Medienwelt in den letzten 15 Jahren durch die technologische Entwicklung (Digitalisierung, Internet, mobile Endgeräte usw.). Die neuen Möglichkeiten und Chancen des Mediengebrauchs bringen neue Herausforderungen und Gefahren mit sich. Medienkompetenz wird von der Kultusministerkonferenz daher als zentrale gesamtgesellschaftliche Aufgabe angesehen.

Medienbildung ist eine Pflichtaufgabe an Schulen. Der Erwerb und die Erweiterung der Medienkompetenz soll zu einer konstruktiven und kritischen Auseinandersetzung mit der Medienwelt anleiten. SuS sollen lernen, sich verantwortungsvoll in der virtuellen Welt zu bewegen. Vor Risiken und Gefahren können sie zwar nicht bewahrt werden, aber Medienbildung trägt einen großen Teil zum Kinder- und Jugendschutz bei. Medienbildung trägt zur eigenverantwortlichen informationellen Selbstbestimmung bei und fördert den persönlichen Datenschutz.

Medienbildung wird aber nicht als eigenes Unterrichtsfach gesehen, sondern als fächerübergreifende Querschnittsaufgabe eingestuft. Kooperationen mit anderen Institutionen und Trägern sind gewünscht. Bibliotheken sind explizit zur Zusammenarbeit aufgerufen.

### Der Bildungsbericht

Bildung in Deutschland 2016. Ein indikatorengestützter Bericht mit einer Analyse zu Bildung und Migration (2016). 1. Auflage. Bielefeld: Bertelsmann, W.

Online verfügbar unter http://www.bildungsbericht.de/de/bildungsberichte-seit-2006/bildungsbericht-2016/pdf-bildungsbericht-2016/bildungsbericht-2016

Als jährlich wiederkehrender Bericht über die Lage der Bildung in Deutschland gibt der Bildungsbericht umfassend Auskunft über das deutsche Bildungswesen – von der frühkindlichen Erziehung bis ins Erwachsenenalter. Es werden sowohl Prozesse untersucht, die sich der formalen Bildung (Schulen), wie auch dem nicht-formalen (z. B. in der Bibliothek) und dem informellen (Familie, Peergroups) Bildungsbereich zuordnen lassen. Neben den allgemeinen, jedes Jahr wiederkehrenden Daten und Ergebnissen widmet sich der Bildungsbericht zusätzlich einem jährlich wechselnden Thema aus den Grundfragen des Bildungswesens ganz besonders intensiv. 2016 ist beispielsweise das Thema „Bildung und Migration“ aufgegriffen und untersucht worden.

Bibliotheken werden im Sinne des Bildungsberichtes als „sonstige Bildungs- und Wissenschaftsinfrastruktur" betrachtet. Der Bildungsbericht gibt Ihnen Aufschluss darüber, in welchem Rahmen Sie welche Angebote für welche Zielgruppen anbieten können. Er macht deutlich, auf welche Gruppierungen innerhalb der Bevölkerung Deutschlands aus Sicht der Politik besonderer Wert gelegt werden soll und wo die Politik Schwerpunkte setzen möchte. Es wird nicht nur berichtet, in welchem Bereich Zuwächse oder Rückgänge zu erwarten sind, sondern auch auf kommende Qualifizierungsbedarfe hingewiesen. Für eine Argumentation bei den Trägern von Bibliotheken in den Städten und Kommunen bietet der Bildungsbericht wertvolle Hinweise, Hintergrundinformationen und belastbares Zahlenmaterial. Auch Veränderungen im Schulwesen lassen sich hier ablesen. Wenn sich die Partner der Bibliothek verändern, müssen auch die Angebote angepasst werden.

**PRAXISAUFGABE**
Recherchieren Sie nach bibliotheks- und bildungspolitischen Papieren bei Ihren Landesregierungen (z. B. Bibliotheksentwicklungsplänen, Bibliotheksgesetzen) und bibliothekarischen Landesverbänden (z. B. Positionspapieren, Rahmenvereinbarungen). Welche Argumentationen werden für eine Beteiligung der Bibliotheken bei der schulischen Bildung vorgebracht?

## 2.2 Bibliotheken als Partnerinnen für das Lebenslange Lernen

Auch wenn in diesem Zusammenhang immer von der Kooperation mit Schulen und den Angeboten für SuS bzw. für Klassen die Rede ist: Bibliotheken sind trotzdem Partner für das „Lebenslange Lernen" in jedem Alter. Auch die bibliothekspädagogischen Angebote sollen sich auf alle Altersphasen des Menschen erstrecken.

Das schließt auf der einen Seite die frühkindliche Bildung ebenso ein, wie die Leseförderung im Vorschulalter. Hierzu gibt es bereits zahlreiche Konzepte und wissenschaftlich gut begründete Studien und Untersuchungen, die zeigen, dass Leseförderung schon bei den ganz Kleinen positive Auswirkung auf die zukünftige Lese-, Sprach- und Medienkompetenz hat.

**Literaturtipp**
Ausführliche Überlegungen und eine praxisnahe Zusammenstellung von Konzepten hierfür finden sich bei:
Keller-Loibl, Kerstin (2009): Handbuch Kinder- und Jugendbibliotheksarbeit. Bad Honnef: Bock + Herchen (Bibliothek und Gesellschaft).
Keller-Loibl, Kerstin; Brandt, Susanne (2015): Leseförderung in Öffentlichen Bibliotheken. Berlin, Boston: De Gruyter Saur (Praxiswissen).

Aber auch nach der Schulzeit ist die Bibliothek weiterhin ein wichtiger Bildungspartner z. B. in der Berufsausbildung, während des Studiums oder bei der beruflichen Weiterbildung. Das gilt sowohl für die öffentlichen, als auch die wissenschaftlichen Bibliotheken. Gerade wenn viele verschiedene Bibliothekstypen in einer Stadt versammelt sind, wird man sich die einzelnen Bereiche untereinander aufteilen und im Sinne von Synergieeffekten die Angebote aufeinander abstimmen.

Bei den Angeboten für Erwerbstätige werden oftmals auch andere Bildungsträger der Stadt mit einbezogen. Viele Bibliotheken kooperieren inzwischen eng mit den Volkshochschulen, Familienbildungsstätten oder mit Vereinen und anderen Institutionen. Bibliotheken sind prädestinierte Orte für informelle Bildung. Schultka bezeichnet das Bibliothekswesen daher auch als „sekundäres Bildungswesen“ (Schultka 2006, 23-24) und ordnet jedem Lebensabschnitt bestimmte Bibliothekstypen zu.

## 2.3 Lernort Bibliothek

„Bibliotheken werden nicht dadurch zu Lernzentren, dass sie Medien sammeln, erschließen und für Interessenten zugänglich halten. Eine Bibliothek wird zum Lernort, wenn sich die Mitarbeiter der Bibliothek für das Lernen engagieren, sie Lösungen dafür erarbeiten, wie in der Bibliothek Lernen ausgelöst, befördert und aufrechterhalten werden kann, oder wenn die Bibliotheksbenutzer die Bibliothek in einen Lernort umgestalten können. Erst dieses Engagement der Bibliotheksmitarbeiter und/oder der -nutzer machen aus der Bibliothek ein Lernzentrum. Bibliotheken, die Lernzentren sind, initiieren und unterstützen formelles, ermöglichen informelles Lernen und eröffnen die Nutzern Handlungsraum." (Schultka 2005, 1464)

Aber was genau verbirgt sich hinter dem Begriff „Lernort Bibliothek"? Wann und vor allem wodurch wird eine Bibliothek zum Lernort?

Um diese Frage zu beantworten lohnt sich ein Blick auf die Nutzer der einzelnen Bibliothek. Bibliotheken sind Bildungspartner für viele verschiedene Zielgruppen. Und jede Zielgruppe bringt andere Fragestellungen und andere Bedürfnisse mit in die Bibliothek. Von Studierenden, die z. B. ruhige Arbeitsplätze suchen über Kindergartengruppen, die in der Bibliothek Leseförderung lebhaft „erleben" wollen bis z. B. zu Menschen mit Flucht- oder Migrationsgeschichte, die einen Ort mit WLAN suchen ist die Bandbreite groß.

Viele Faktoren bestimmen, ob die Bibliothek als Lernort von den Nutzern angenommen wird:

- **Raum**
  Bei der räumlichen Gestaltung ist Flexibilität gefragt, wenn verschiedene Zielgruppen gleichermaßen die Bibliothek als Lernort nutzen sollen. In den vergangenen Jahren ist die Nachfrage nach (auch EDV-technisch ausgerüsteten) Arbeitsplätzen enorm gestiegen. Die Möglichkeiten, sich als Gruppe zu treffen, einen abgeschlossenen Raum für Veranstaltungen oder Diskussions- und Arbeitsrunden zu nutzen, bestimmen die Möglichkeiten der Nutzung. Gefördert werden diese Bedürfnisse durch die Idee der MakerSpaces, in denen die Nutzer sogar Geräte und Materialien verschiedenster Art vorfinden und nutzen können.
- **Medien**
  Die Ausstattung der Bibliotheken mit gedruckten, elektronischen oder audio-visuellen Medien macht nach wie vor einen wesentlichen Punkt des Angebotes der Bibliothek aus. Eine immer wichtigere Rolle spielen dabei elektronische Medien und Zugänge zu Datenbanken.
- **Technik**
  Die Ausstattung der Bibliothek mit Computerarbeitsplätzen (und die Ausstattung der Computer mit gängigen Softwareprogrammen) haben ebenfalls einen großen Einfluss auf die Attraktivität einer Bibliothek als Lernort.

- **Personal**
  Das Bibliothekspersonal gibt Hilfestellung bei der Recherche, vermittelt Medien- und Informationskompetenz und schult zu neuen Technologien. Bibliothekarinnen sind Spezialisten bei der Suche nach Informationen, Aufbereitung und Bewertung von Rechercheergebnissen.
- **Veranstaltungsangebote**
  In diesen Bereich gehören dann alle hier ausführlicher aufgeführten bibliothekspädagogischen Angebote für Schulen. (siehe 3.2.3 Was beinhaltet das „bibliothekspädagogische“ Spiralcurriculum? – Die Lehrinhalte).

## 2.4 Der „Teaching Librarian“

Die öffentlichen Bibliotheken in Deutschland sind in den vergangenen 10-15 Jahren immer mehr in ihre neue Rolle als Bildungspartnerinnen für die Schulen hineingewachsen. Um gute bibliothekspädagogische Angebote zu machen, müssen wir keine Pädagogen oder Didaktiker werden. Wir müssen auch kein Mechaniker sein, um ein Auto fahren zu können. Trotzdem müssen wir wissen, wie man das Auto fährt, wo Scheibenwasser und Öl nachgefüllt wird, wie man Reifen wechselt und mal eine Birne austauscht. Eine gewisse Grundausbildung in pädagogischen, didaktischen und methodischen Belangen ist also für das Angebot von bibliothekspädagogischen Angeboten wichtig und notwendig.

Die pädagogisch-didaktischen Anforderungen an heutige Bibliothekarinnen hat die Kommission Informationskompetenz in einem Positionspapier zusammengefasst und 2015 auf dem Bibliothekartag in Nürnberg vorgestellt. Die Kommission sieht dabei einige persönliche und fachliche Kompetenzen der Bibliothekarinnen als notwendig an, um qualifizierte, erfolgreiche bibliothekspädagogische Angebote machen zu können. Zum einen müssen die Bibliothekarinnen eigene umfassende Kenntnisse in der Recherche-, Medien- und Informationskompetenz haben. Daneben wird aber auch der Erwerb von grundlegenden didaktischen, methodischen und pädagogischen Kenntnissen und Kompetenzen als notwendig angesehen, um die inhaltlichen Kenntnisse auch erfolgreich an die Bibliotheksnutzerinnen weitergeben zu können.

**LINKTIPP**
Kommission Informationskompetenz von VDB und DBV (Hg.) (2015): Qualifikationsprofil des Teaching Librarian. Positionspapier der Gemeinsamen Kommission Informationskompetenz von VDB und DBV.
Online verfügbar unter http://zpidlx54.zpid.de/wp-content/uploads/2016/01/Qualifikationsprofil_Teaching_Librarian.pdf

Fort- und Weiterbildungsangebote zur Leseförderung und zur Lesepädagogik gibt es inzwischen einige. Aber wenige Fortbildungen beschäftigen sich gezielt mit den pädagogisch-didaktischen Hintergründen für Bibliothekspädagogik im Sinne der Informationskompetenz-Vermittlung in Kooperation mit den Schulen. Da stehen der „Teaching Librarian“ des ZBIW, der „Lese- und Literaturpädagoge“ des Bundesverbandes Leseförderung und der Masterstudiengang mit Profillinie Bibliothekspädagogik der HTWK in Leipzig eng beieinander.

### Beispiele für bibliothekpädagogische Fort- und Weiterbildungen (Auswahl):

**Masterstudiengang (Präsenz) u. a. Profillinie Bibliothekspädagogik**
Infos: https://www.htwk-leipzig.de/de/studieninteressierte/studienangebot/master/bibliotheks-und-informationswissenschaft/
Veranstalter: HTWK Leipzig
Inhalte: siehe Studien- und Prüfungsordnung
Rahmen: Präsenzstudium, 3 Semester

**„Lese- und Literaturpädagoge“**
Infos: http://www.bundesverband-lesefoerderung.de/lese-und-literaturpaedagogik/weiterbildung/
Veranstalter: Weiterbildungsinstitutionen, die Mitglied im Bundesverband Leseförderung sind
Inhalte: umfangreiches Curriculum zu Pädagogik und Entwicklungspsychologie, Kinder- und Jugendliteratur, Planung, Organisation, Public Relations und Management, Erzählen, Vorlesen und Schreiben sowie Literacy und Le-

sedidaktik unter http://www.bundesverband-lesefoerderung.de/lese-und-literaturpaedagogik/curriculum-module/
Rahmen: 356 UE Präsenz, 244 UE Selbststudium, 400 UE Praxis, Abschlussarbeit

**„Zertifikatskurs Leseförderung – Experten für das Lesen"**
Infos: https://www.fh-koeln.de/weiterbildung/zertifikatskurs-lesefoerderung—experten-fuer-das-lesen-20152016_10142.php
Veranstalter: ZBIW Fachhochschule Köln
Inhalte: u. a. Texte und Medien, Lesekonzepte, Sprach- und Schrifterwerb, Lese- und Sprachdiagnostik, Lesesozialisation, Leseförderung
Rahmen: 8 Ganztage, 232 UE + Blended Learning + Abschlussarbeit über 10-11 Monate

**„Zertifikatskurs Teaching Librarian"**
Infos: https://www.fh-koeln.de/weiterbildung/zertifikatskurs-teaching-librarian_9840.php
Veranstalter: ZBIW Fachhochschule Köln
Inhalte: u. a. Grundlagen Informationskompetenz, Grundlagen Didaktik, Methodik, Medieneinsatz, Leistungsmessung, Blended Learning
Rahmen: 8 Ganztage, 210 Std. inkl. Praxismodul + Blended Learning über 12 Monate

**„Grundlagen der Literaturpädagogik – Kinder-Buch-Werkstatt"**
Infos: https://www.kinderbuchhaus.de/weiterbilden/literaturpadagoge/
Veranstalter: Hamburger Kinderbuchhaus, HAW Hochschule für Angewandte Wissenschaften Hamburg
Inhalte: u. a. pädagogische Grundlagen, Literaturbetrieb, Storytelling-Werkstatt, Bilder-Buch- & Kinder-Literatur-Werkstatt, Schreibwerkstatt, Leseförderung
Rahmen: 19 Werktage in 2-3 Werkstattphasen, 152 UE über 1,5 Jahre

# 3. Curriculare Grundlagen

## 3.1 Bildungsstandards, Lehrpläne und Co.

**LERNZIELE**

- Sie wissen, was Curricula, Bildungs- und Lehrpläne sind und können diese zu den Inhalten in Beziehung setzen, die von den Bibliotheken an SuS vermittelt werden.
- Sie können den Weg der Lehrinhalte von bundesweit einheitlichen Standards bis zur individuellen Unterrichtsgestaltung der einzelnen Lehrkraft nachvollziehen.
- Sie wissen, wo die für Ihr Bundesland gültigen Bildungspläne zu finden sind und können diese für Ihre weitere Arbeit nutzen.

Viele verschiedene Begriffe werden für die systematische Zusammenstellung und Verteilung von Lehrinhalten und Lernzielen genutzt: Lehrpläne, Curricula, Stoffverteilungspläne, Fachanforderungen, Bildungspläne, Richtlinien usw. Die Begriffe können synonym benutzt werden und meinen alle das Gleiche (Martial 2002, 248).

Ein Curriculum fasst die Lernziele und Lehrinhalte zusammen und stellt diese in eine Beziehung zu den Unterrichtsabläufen. Ein Curriculum enthält neben den Unterrichtsinhalten meist auch weitere Vorgaben zur Umsetzung und Vermittlung der aufgeführten Inhalte. (Martial 2002, 250)

Lehrpläne u. ä. stellen eine Sammlung von Lehrinhalten und Lehrstoffen dar. Diese werden in eine inhaltlich-logische Abfolge gebracht und organisatorisch auf den Zeitraum verteilt, der für die Lehre/den Unterricht zur Verfügung steht. Auf verschiedenen Ebenen stellen die damit beauftragten Institutionen Inhalte und Lernziele zusammen, von denen sie wünschen, dass diese an die SuS vermittelt werden.

Während früher die Lehrpläne detailliert festgelegt haben, welche konkreten Inhalte vermittelt werden sollen (z. B. einen festgelegten Kanon der Lite-

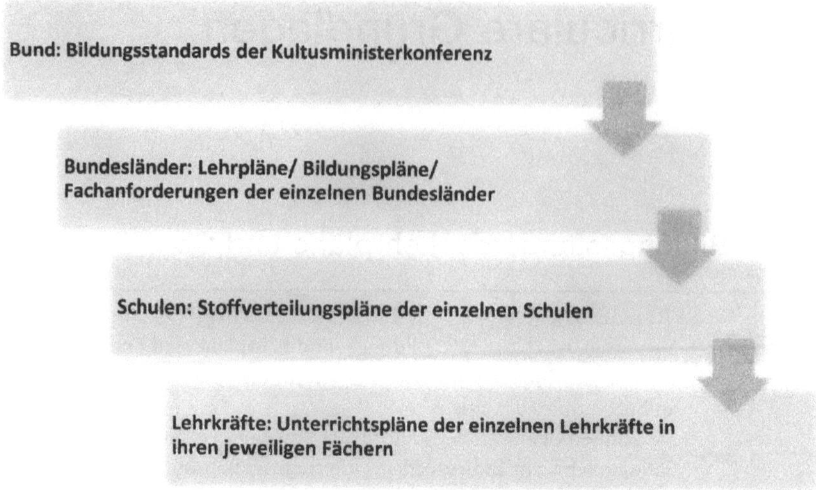


Abbildung 3: Curriculare Grundlagen auf verschiedenen Ebenen

ratur, der von den SuS erarbeitet werden sollte), orientieren sich die Lehrpläne und Bildungsstandards heute an den Kompetenzen und Fähigkeiten, die die SuS während ihrer Schulzeit erwerben sollen. Sie beschreiben, was sie können sollen, wenn sie die Schule mit den entsprechenden Abschlüssen verlassen. Diese Kompetenzen orientieren sich an einem mittleren Anspruchsniveau.

Der Kompetenz-Begriff lässt sich mit seinen Inhalten ohne weiteres auch – unabhängig von den jeweiligen Schulfächern – in der Bibliothekspädagogik anwenden:

„Schülerinnen und Schüler haben fachliche Kompetenzen ausgebildet, wenn sie

- zur Bewältigung einer Situation vorhandene Fähigkeiten nutzen,
- dabei auf vorhandenes Wissen zurückgreifen und sich benötigtes Wissen beschaffen,
- die zentralen Zusammenhänge eines Lerngebietes verstanden haben,
- angemessene Lösungswege wählen,
- bei ihren Handlungen auf verfügbare Fertigkeiten zurückgreifen,
- ihre bisher gesammelten Erfahrungen in ihre Handlungen mit einbeziehen.“ (Kultusministerkonferenz 2005, 16)

Bund:
Die Kultusministerkonferenz der Länder stellt in den bundesweit gültigen Bildungsstandards die Ziele und Kompetenzen zusammen, die mit den einzelnen Bildungsabschlüssen erreicht werden sollen. Auf diese Weise soll die einheitliche Qualität der schulischen Bildung in Deutschland sichergestellt werden. Schulische Abschlüsse beziehen sich in allen Bundesländern auf einen gemeinsamen Standard und werden damit vergleichbar. So ist es auch leichter, von einer Schule zur anderen zu wechseln – das macht das Bildungssystem durchlässiger. (Kultusministerkonferenz 2005, 5)

„Bundesweit geltende Bildungsstandards, die von der Kultusministerkonferenz in den Jahren 2003, 2004 bzw. 2012 verabschiedet wurden, gibt es derzeit

- für den Primarbereich (Jahrgangsstufe 4) für die Fächer Deutsch und Mathematik,
- für den Hauptschulabschluss (Jahrgangsstufe 9) für die Fächer Deutsch, Mathematik und Erste Fremdsprache (Englisch/Französisch),
- für den Mittleren Schulabschluss (Jahrgangsstufe 10) für die Fächer Deutsch, Mathematik, Erste Fremdsprache (Englisch/Französisch), Biologie, Chemie und Physik,
- für die Allgemeine Hochschulreife für die Fächer Deutsch, Mathematik und die fortgeführte Fremdsprache (Englisch/Französisch).“[2]

**LINKTIPP**
Die einzelnen Bildungsstandards stehen im Internet bei der Kultusministerkonferenz zum Download zur Verfügung: https://www.kmk.org/de/themen/qualitaetssicherung-in-schulen/bildungsstandards.html

Die Bildungsstandards stellen keine umfassende Sammlung aller Lernziele für alle Fächer dar. Vielmehr beschreiben sie fachübergreifende Basisqualifikationen, die für den weiteren Ausbildungsweg benötigt werden. (Kultusministerkonferenz 2005, 7) Diese werden dann auf den Länderebenen weiter ausgear-

2 Homepage der KMK https://www.kmk.org/de/themen/qualitaetssicherung-in-schulen/bildungsstandards.html (Abgerufen am 2.5.2016)

beitet und vertieft. Mit jeder Stufe (siehe auch Abbildung 3: Curriculare Grundlagen auf verschiedenen Ebenen) werden die Inhalte detaillierter ausgearbeitet und konkreter formuliert.

Länder:
Aufgabe der Bundesländer ist es nun, diese Bildungsstandards auf Landesebene herunter zu brechen. Die bisherigen Lehrpläne – im Sinne von Stoffverteilungsplänen – werden nach und nach durch neue Vorgaben abgelöst, die verstärkt die Vermittlung von Kompetenzen und nicht mehr die Verteilung und Kanonisierung der Lehrinhalte in den Mittelpunkt stellen.

Da diese dann für die Lehrkräfte des jeweiligen Bundeslandes verbindlich sind, ist die Durchsetzung der Bildungsstandards bis in jede einzelne Schule gesichert.

> **LINKTIPP**
> Die Datenbank mit den Lehrplänen der einzelnen Bundesländer finden Sie auf dem Deutschen Bildungsserver unter http://www.bildungsserver.de/Bildungsplaene-Lehrplaene-der-Bundeslaender-fuer-allgemeinbildende-Schulen-400.html.

Schulen:
Die Schulen setzen nun ihrerseits die Lehrpläne oder Fachanforderungen in ihre schulinternen Fachcurricula, Stoffverteilungspläne und Stundenkontingenttafeln um. Sie haben dabei im Rahmen der Vorgaben der Bildungspläne des Bundes gestalterische Freiräume für die Lern- und Unterrichtsorganisation und die Umsetzung in pädagogisch-didaktischen Konzepten im Unterricht. Die Schulen können auch selbst Schwerpunkte setzen und damit das eigene Schulprofil stärken.

Lehrkräfte:
Jede einzelne Lehrkraft nutzt die Bildungspläne des jeweiligen Bundeslandes und die Pläne der eigenen Schule, um den konkreten Unterricht zu planen und durchzuführen. Dabei spielen die eigenen Schwerpunkte der Lehrkraft eine weitere wichtige Rolle in der Gestaltung der Unterrichtsinhalte.

**PRAXISAUFGABE**

Recherchieren Sie nach den für Ihr Bundesland geltenden Lehrplänen oder Fachanforderungen. Für Bibliotheken sind besonders die Pläne des Faches Deutsch interessant, da sich hier die meisten Anknüpfungspunkte für die Vermittlung von Leseförderung, Informations- und Medienkompetenz finden lassen.

Trotzdem sind auch andere Fächer in das Bildungskonzept der Bibliothek einzubeziehen. Informations- und Medienkompetenz sowie Methodentraining sind fächerübergreifende Aufgaben, die von allen Fachlehrkräften wahrgenommen und geschult werden sollen.

## 3.2 Das bibliothekspädagogische Spiralcurriculum

**LERNZIELE**

- Sie wissen, was Spiralcurricula sind und in welchen pädagogischen, schulischen Kontext sie einzuordnen sind.
- Sie haben einen Überblick über verschiedene Ansätze für bibliothekspädagogische Spiralcurricula und können die Inhalte und Anforderungen für die verschiedenen Jahrgangsstufen benennen.

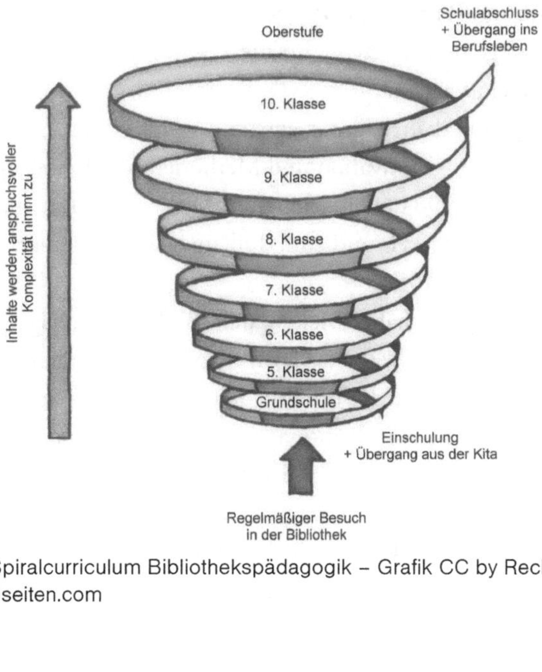


Abbildung 4: Spiralcurriculum Bibliothekspädagogik – Grafik CC by Reckling-Freitag www.zwischenseiten.com

Die Grundlage eines Spiralcurriculums ist die regelmäßig wiederkehrende Beschäftigung mit einem Thema, z. B. mit der Nutzung der Bibliothek oder mit bestimmten Recherchemöglichkeiten und -strategien. Dabei werden die Inhalte im Laufe der Zeit (von Schuljahr zu Schuljahr) immer anspruchsvoller und komplexer. So können sich die SuS von „Anfängern" zu „Fortgeschrittenen" und schließlich zu „Profis" weiterentwickeln. Auf diese Weise werden die Lehrinhalte einerseits wiederholt und gefestigt, aber andererseits auch weiterentwickelt. In den verschiedenen Jahrgangsstufen können die Inhalte passend zum schulischen Alltag ausgewählt werden und von Jahr zu Jahr variieren – der Besuch in der Bibliothek und die Teilnahme an entsprechenden Klassenführungen, Veranstaltungen oder Recherchetrainings sollte aber regelmäßiger Bestandteil des schulischen Lebens sein.

### 3.2.1 Wie kam das Spiralcurriculum in die Bibliothek?

Ende der 90er Jahre wurde von der Bertelsmann Stiftung das Projekt „Öffentliche Bibliothek und Schule – neue Formen der Partnerschaft" (1995-2000) ins Leben gerufen, um mit sechs öffentlichen Bibliotheken aus Greifswald, Hoyerswerda, Marburg, Ratingen, Rosenheim und Villingen-Schwenningen modellhaft neue Wege und Konzepte für die Zusammenarbeit von Bibliotheken und Schulen zu entwickeln.

„Die Idee des Spiralcurriculums entstand während der Lehrerfortbildung „Lesen in der Schule – Motivation und Methoden" der Bertelsmann Stiftung vom 10. bis 12. Juni 1996 in Gütersloh. [...] Alle sechs Projektstädte haben ein Spiralcurriculum entwickelt und zum Teil auch schon erprobt." (Mitrowann & Palmer-Horn 2000, 105)

In den Jahren danach haben viele weitere Bibliotheken eigene Spiralcurricula entwickelt (so z. B. in Warendorf, Brilon oder Gunzenhausen). Diese Curricula stellen die Angebote der öffentlichen Bibliotheken aus den Bereichen Leseförderung, Medien- und Informationsvermittlung in eine direkte Beziehung zu den Inhalten der Lehr- und Bildungspläne der jeweiligen Bundesländer.

Die später gegründeten Expertengruppen (heute: Kommissionen) des DBV „Bibliothek und Schule" und „Kinder- und Jugendbibliotheken" hatten es sich zur Aufgabe gemacht, einige dieser bibliothekspädagogischen Curricula zu sammeln und in einer übersichtlichen Form zusammenzustellen. So sollte anderen Bibliotheken mit modellhaften Beispielen Anregung und Hilfestellung gegeben werden, ebenfalls ihre bibliothekspädagogischen Angebote an die schulische, curriculare Praxis anzubinden.

**LITERATURTIPP**

Hachmann, Ute; Hofmann, Helga (Hg.) (2007): Wenn Bibliothek Bildungspartner wird ... Leseförderung mit dem Spiralcurriculum in Schule und Vorschule. 1. Aufl. Expertengruppen Bibliothek und Schule und Kinder- und Jugendbibliotheken im Deutschen Bibliotheksverband e. V. Frankfurt/M.

Die Broschüre steht online zur Verfügung unter: http://www.bibliotheksverband.de/fileadmin/user_upload/Kommissionen/Kom_KinJug/Publikationen/2007-05-14_Wenn_Bibliothek_Broschuere.pdf

Die Verankerung der Angebote von öffentlichen Bibliotheken in den Lehrplänen Schleswig-Holsteins wurde von mir 2006 näher untersucht und schließlich für die Bibliotheken in einer Arbeitshilfe zusammengestellt. Wesentlicher Bestandteil waren die Angaben aus den Lehrplänen selbst, in denen die Zusammenarbeit von Bibliotheken und Schulen bereits fest verankert war. (Eine Aktualisierung dieser Zusammenstellung in Bezug auf die jetzt geltenden Fachanforderungen ist in Arbeit.)

Allerdings wurde dies vor 2006 kaum von den Kolleginnen wahrgenommen und die Angebote der Bibliotheken auch nicht auf dieses Schulcurriculum bezogen. Erst die Publizierung einer Arbeitshilfe bei der Büchereizentrale Schleswig-Holstein hierzu (Reckling-Freitag 2006) machte deutlich, wie leicht eigentlich die bereits bestehenden bibliothekspädagogischen Angebote der Bibliotheken direkt in den Unterricht zu integrieren sind.

Diesem Beispiel sind inzwischen auch andere Bundesländer gefolgt und haben die Bildungspläne ihrer Länder mit den Angeboten der Bibliotheken in Verbindung gesetzt. Die Verknüpfung der Lehrpläne mit den diversen bibliothekspädagogischen Lernzielen brachte schließlich (im Vergleich zu den bereits punktuell entstandenen Spiralcurricula) eine allgemeingültige, deutlich erweiterte Version des bibliothekspädagogischen Spiralcurriculums hervor.

### 3.2.3 Was beinhaltet das „bibliothekspädagogische" Spiralcurriculum? – Die Lehrinhalte

Da die einzelnen Stufen des Spiralcurriculums aufeinander aufbauen, werden die Inhalte und Kompetenzen aus der jeweils vorrangegangenen Klasse als bekannt vorausgesetzt. Die Grenzen zwischen den einzelnen Klassen sind natürlich fließend. Auch können Inhalte bei Bedarf später oder früher für die SuS wichtig sein. Bei den Planungen sollte man daher immer auch den Wissensstand der SuS erfragen und die Angebote nach deren Bedürfnissen ausrichten.

Die Bibliothek sollte die SuS die ganze Schulzeit hindurch begleiten. Durch Öffentlichkeitsarbeit, diverse Veranstaltungen und den Ausleihbetrieb kommen die SuS während des ganzen Schuljahres mit der Bibliothek in Kontakt.

Trotzdem ist es wichtig, dass die Bibliothek in regelmäßigen Abständen bei einer bibliothekspädagogischen Veranstaltung intensivere und tiefer gehende Angebote für die SuS anbietet. Die Themen dieser Veranstaltungen orientieren sich am Stand der Medien-, Informations- und Recherchekompetenz der Kinder und Jugendlichen. Dabei wechseln sich sowohl aktuelle Themen (z. B. Social Media), als auch für das schulische Weiterkommen wichtige Inhalte (z. B. Literaturbeschaffung, Recherchen für die Facharbeit) miteinander ab.

Für jede Jahrgangsstufe ergibt sich dann eine spezifische Zusammenstellung der Lernziele, der Lehrinhalte und eine Fülle von Ideen bei der Umsetzung:

**Grundschule:**

Spaß am Lesen: Leseförderung

Lernziele: Die SuS …

- ⇨ lesen gerne und motiviert.
- ⇨ bauen Schwellenängste ab.
- ⇨ wissen, wie sie die Bibliothek nutzen können.
- ⇨ lernen verschiedene Textsorten kennen.
- ⇨ lernen einzelne Autoren und ihre Bücher kennen.
- ⇨ nutzen die Bibliothek und ihren Bestand nach eigenen Interessen.

Lehrinhalte:

- ⇨ Räume der Bibliothek
- ⇨ Aufstellung des Bestandes
- ⇨ Nutzungsregeln, Ausleihmodalitäten
- ⇨ Alphabet
- ⇨ Kinderliteratur
- ⇨ ...

Umsetzung:

- ⇨ Spielerisches Erkunden der Bibliotheksräume
- ⇨ Aufgaben und Spiele zur Nutzung der Bibliothek
- ⇨ Vorlesen, Bilderbuchkinos, Kamishibai
- ⇨ Alphabetspiele
- ⇨ Such- und Sortierspiele
- ⇨ Bibliotheksführerschein
- ⇨ Lesetagebuch
- ⇨ ...

### 5. Klasse:

Entdecken & Forschen: Bibliothek als Ort des Wissens

Lernziele: Die SuS ...

- ⇨ erwerben grundlegende Medien- und Recherchekompetenzen.
- ⇨ können Medien nach Autoren und Titeln im Katalog der Bibliothek recherchieren und im Regal finden.
- ⇨ können Medien zu einem bestimmten Thema in der Bibliothek recherchieren und finden.
- ⇨ entdecken und nutzen die literarische Vielfalt.
- ⇨ erhalten ihr Leseinteresse oder bauen es aus.

Lehrinhalte:

- ⇨ (Online-)Katalog der Bibliothek
- ⇨ Bestandsaufstellung in der Bibliothek
- ⇨ Internet

⇨ Medien zu verschiedenen Unterrichtsthemen in der Bibliothek
⇨ …

Umsetzung:
⇨ Bibliothek durch Rallye oder Mitmach-Projekte näher kennenlernen
⇨ Recherchetraining zur Katalogbenutzung
⇨ …

### 6. Klasse:

Recherchieren mit System: Suchen, Prüfen, Wissen, Darstellen

Lernziele: Die SuS …
⇨ können eine einfache Recherche strukturiert planen und durchführen.
⇨ können zielgerichtet Medien zu festgelegten Themen ermitteln und am Regal finden.
⇨ können Informationen aus Texten entnehmen und auf Relevanz prüfen.
⇨ können Informationen zu einzelnen, abgegrenzten Aspekten sammeln, neu zusammenstellen und präsentieren.

Lehrinhalte:
⇨ (Online-)Katalog der Bibliothek
⇨ Internet
⇨ Medien und Nachschlagewerke der Bibliothek

Umsetzung:
⇨ Strukturiertes Recherchetraining mit den Big 6[3]
⇨ Internetrecherchen
⇨ …

3 Siehe auch Praxisarbeitshilfe der Büchereizentrale Schleswig-Holstein zu den Big 6

### 7. Klasse:

Ich bin drin: Social Media und Web 2.0

Lernziele: Die SuS …

- ⇨ üben und verbessern ihre Recherchekompetenzen.
- ⇨ können Bibliotheksangebote gezielt nutzen.
- ⇨ wissen, wie sie sich in sozialen Netzwerken bewegen können und können die Gefahren und Schwierigkeiten gegen die Vorteile und den Gewinn abwägen.
- ⇨ lernen Möglichkeiten zur interaktiven Beteiligung am Web 2.0 kennen und können diese für sich nutzen.

Lehrinhalte:

- ⇨ Soziale Netzwerke (Facebook, WhatsApp & Co)
- ⇨ Mitmach-Web (Wordpress & Co)
- ⇨ Persönlichkeitsrechte im Internet
- ⇨ …

Umsetzung:

- ⇨ Internet-ABC
- ⇨ Netzdurchblick
- ⇨ Medienscouts in der Schule
- ⇨ literarische/journalistische Projekte im Internet
- ⇨ Info-Kompass der Landesanstalt für Medien NRW (LfM)
- ⇨ …

### 8. Klasse:

Internetrecherche: Google ist nicht alles

Lernziele: Die SuS …

- ⇨ können eine fortgeschrittene Recherche strukturiert planen und durchführen.
- ⇨ kennen mehrere Suchmaschinen und können diese gezielt für ihre Recherchen nutzen.

- ⇨ kennen speziellere Bibliotheksangebote und können diese gezielt nutzen.
- ⇨ erkennen die Wichtigkeit von Quellenangaben und nennen ihre Quellen.
- ⇨ können Informationen im Internet grob nach Richtig oder Falsch einschätzen und Vermutungen über die Intentionen der Herausgeber anstellen.

Lehrinhalte:

- ⇨ Verschiedene Suchmaschinen (Google, Bing & Co)
- ⇨ Urheberrechte im Internet
- ⇨ Zitierregeln
- ⇨ Fernleihe und regionaler Leihverkehr
- ⇨ …

Umsetzung:

- ⇨ Rechercheprofi – Unterricht in der Bibliothek
- ⇨ Suchmaschinenvielfalt entdecken[4]
- ⇨ …

### 9. Klasse:

Suchen & Finden wie die Profis: Datenbanken & Nachschlagewerke

Lernziele: Die SuS …

- ⇨ können eine fachlich fundierte Recherche strukturiert durchführen.
- ⇨ lernen Datenbanken und (Online-)Nachschlagewerke kennen.
- ⇨ lernen Bibliotheks-Verbundkataloge kennen.
- ⇨ wissen, wie sie Medien aus anderen Bibliotheken bestellen können.
- ⇨ können den Nutzen und die Relevanz verschiedener (Internet-)Quellen einschätzen.
- ⇨ kennen die Regeln korrekten Zitierens und wenden diese an.

4 Siehe auch Praxisarbeitshilfe der Büchereizentrale Schleswig-Holstein zur Suchmaschinenvielfalt

Lehrinhalte:

- ⇨ Munzinger-Archiv
- ⇨ Brockhaus Online
- ⇨ weitere Online-Enzyklopädien
- ⇨ Wikipedia
- ⇨ gedruckte Nachschlagewerke
- ⇨ …

Umsetzung:

- ⇨ Munzinger-Rallye[5]
- ⇨ Vergleich von Wikipedia und Brockhaus
- ⇨ …

## 10. Klasse:

Was kann ich werden? Fit für den Beruf

Lernziele: Die SuS …

- ⇨ können die Bibliothek als Hilfsmittel zur Berufswahl nutzen.

Lehrinhalte:

- ⇨ Bestände und Kataloge der Bibliothek zur Berufsfindung
- ⇨ Internet
- ⇨ …

Umsetzung:

- ⇨ Bewerbungstraining in der Bibliothek
- ⇨ Arbeit mit dem Berufswahlpass
- ⇨ Veranstaltungen zur Berufskunde
- ⇨ …

5 Siehe auch Praxisarbeitshilfe der Büchereizentrale Schleswig-Holstein zum Munzinger-Archiv

**Oberstufe:**

Literaturbeschaffung für Facharbeiten und Referate

Lernziele: Die SuS …

- ⇨ können einfache wissenschaftliche Recherchen durchführen.
- ⇨ können ihre Recherchen protokollieren, evaluieren, bewerten und verbessern.
- ⇨ kennen die Regeln korrekten wissenschaftlichen Zitierens und wenden diese an.
- ⇨ gewinnen einen Einblick in wissenschaftliche Bibliotheken.

Lehrinhalte:

- ⇨ Basiswissen über wissenschaftliche Bibliotheken
- ⇨ Einblicke in wissenschaftliches Arbeiten
- ⇨ Nutzung von Rechercheprotokollen
- ⇨ …

Umsetzung:

- ⇨ Recherchetraining in und mit der Bibliothek
- ⇨ Besuche in einer wissenschaftlichen Bibliothek
- ⇨ Einführung in die Nutzung von Datenbanken und Bibliothekskatalogen
- ⇨ „Wie zitiere ich richtig?“
- ⇨ …

**Universität:**

Wissenschaftliche Bibliotheken
Die Möglichkeiten wissenschaftlicher Bibliotheken, die Studierenden während ihres Studiums zu begleiten sind vielfältig. Propädeutisches zu Beginn und wissenschaftliches Arbeiten während des Studiums werden von den Universitätsbibliotheken unterstützt.

In diesem Buch liegt der Schwerpunkt auf der Zusammenarbeit mit den Schulen.

**Literaturtipp**
Zur weiteren Information über Angebote der wissenschaftlichen Bibliotheken kann folgender Titel empfohlen werden:
Sühl-Strohmenger, Wilfried; Hanke, Ulrike; Straub, Martina (2012): Informationskompetenz professionell fördern. München: De Gruyter Saur (Praxiswissen).

## 3.3 Der Referenzrahmen Informationskompetenz

LERNZIELE

- Sie lernen den Referenzrahmen Informationskompetenz kennen und können Ihre eigenen bibliothekspädagogischen Angebote dort einordnen.

Für Sprachkenntnisse gibt es den Gemeinsamen Europäischen Referenzrahmen, der in sechs Niveaustufen beschreibt, wie gut die Sprachkenntnisse des Einzelnen sind und wie sie einzustufen sind.

Für die Messung von Informationskompetenz hat Andreas Klingenberg im Auftrag der Kommission Bibliothek und Schule des DBV dieses Modell auf Informationskompetenz übertragen und ein System geschaffen, mit dem Informationskompetenz beurteilt und in Schwierigkeitsgrade unterteilt werden kann. Er hat die Fähigkeiten zur Informationskompetenz ebenfalls in sechs Niveaustufen unterteilt.

**Literaturtipp**
Klingenberg, Andreas: Entwurf eines gemeinsamen Referenzrahmens Informationskompetenz. Kommission Bibliothek & Schule des Deutschen Bibliotheksverbandes (dbv). Online verfügbar unter http://www.schulmediothek.de/fileadmin/pdf/referenzrahmen_ik_111111.pdf.
Eine aktuelle Darstellung findet sich auch auf http://www.informationskompetenz.de/index.php/referenzrahmen/

Sechs Niveaustufen der Informationskompetenz:

| C2 | Weiterbildung | Nachhaltige Informationskompetenz |
|---|---|---|
| C1 | Uni. Beruf | |
| B2 | Sekundarstufe II | Selbstständige Informationskompetenz |
| B1 | Sekundarstufe I | |
| A2 | Sekundarstufe I | Elementare Informationskompetenz |
| A1 | Primarstufe | |

Abbildung 5: Niveaustufen nach Andreas Klingenberg

In einem weiteren Schritt hat er Informationskompetenz in 5 Teilbereiche gegliedert.

| Suchen | Prüfen | Wissen | Darstellen | Weitergeben |
|---|---|---|---|---|

Jeder Teilbereich ist wiederum in vier Arbeitsschritte bzw. Kriterien unterteilt. Innerhalb jedes einzelnen Arbeitsschrittes kann nach den ausformulierten Kompetenzen eingeschätzt werden, auf welcher Kompetenzstufe die SuS eingeordnet werden können. Es lohnt sich also ein Blick in die ausführlichere Darstellung (siehe Literaturtipp).

Da den Lehrkräften die Einteilung in Kompetenzstufen aus den Sprachen vertraut ist, können Bibliotheken gut an diese Einteilungen anknüpfen. Sie können den Lehrkräften durch die Darstellung Ihrer Angebote in Anlehnung an den Referenzrahmen deutlich machen, auf welche Kompetenzstufen sich die Inhalte beziehen, die Sie vermitteln. So können die Angebote „gelabelt" werden und der hierarchische inhaltliche Aufbau (von den Basics hin zu den fortgeschrittenen Inhalten) vermittelt werden.

**PRAXISAUFGABE**

Gehen Sie Ihre bisherigen bibliothekspädagogischen Angebote durch und geben Sie jedem Angebot ein Label mit den jeweiligen Kompetenzstufen, aufgeschlüsselt nach den 5 Bereichen:

| | Suchen | Prüfen | Wissen | Darstellen | Weitergeben |
|---|---|---|---|---|---|
| Inhalte der bibliothekspädagogischen Angebote | | | | | |
| Kompetenzstufe nach Referenzrahmen für Informationskompetenz | | | | | |

**Literaturtipp**

Die Darstellung einer strukturierten Recherche ist mit den Big 6™ besonders gut gelungen. Im Aufbau lässt sich hier die Unterteilung bei den Teilkompetenzen nach Klingenberg wiederfinden:

Schritt 1: „Was will ich genau wissen?“
Suchanfrage definieren

Schritt 2: „Wo kann ich Informationen finden und wie komme ich an die Informationen?“
Suchstrategien/Quellen festlegen

Schritt 3: „Informationen finden und sammeln“
Recherche durchführen

Schritt 4: „Welche Informationen sind gut und welche kann ich wirklich gebrauchen?“
Informationen sichten, bewerten

Schritt 5: „Informationen sortieren, organisieren und präsentieren“
Rechercheergebnisse aufbereiten

Schritt 6: „Was war gut, was kann ich verbessern?“
Rechercheprozess evaluieren

Ausführlichere Informationen zu den Big 6™ finden Sie auf http://big6.com/ oder in der Praxisarbeitshilfe der Büchereizentrale Schleswig-Holstein dazu:

Reckling-Freitag, Kathrin (2012): The Big 6 – Die großen 6. Fächerübergreifendes Recherchetraining mit den „6 Schritten“ für die Sekundarstufe I am Beispiel des Themas Klimawandel. Büchereizentrale Schleswig-Holstein. Rendsburg (Praxisarbeitshilfen). Online verfügbar unter http://www.bz-sh.de/index.php/downloadbereich/download/78-arbeitshilfen/199-big6-ahi-2012.

## 3.4 Das Spiralcurriculum als Grundlage für ein bibliothekspädagogisches Gesamtkonzept

**LERNZIELE**

- Sie können die Angebote Ihrer eigenen Bibliothek in das bibliothekspädagogische Spiralcurriculum einordnen und als Gesamtkonzept präsentieren.

Warum brauchen Sie überhaupt ein bibliothekspädagogisches Gesamtkonzept? Und warum ist es so hilfreich, dieses Konzept auf fundierte Grundlagen – wie das Spiralcurriculum und die Lehrpläne – zu stellen?

Städte und Gemeinden müssen immer stärker die Verteilung ihrer finanziellen Mittel rechtfertigen. Bibliotheken gehören leider nach wie vor nicht zu den Institutionen, die diskussionslos die notwendigen Mittel zugewiesen bekommen oder deren Finanzierung eine Pflichtaufgabe der Kommunen ist. Da kann ein ausgearbeiteter Bildungsplan der Stadtbibliothek, der die Schulen mit einbezieht, sehr hilfreich sein. Er macht deutlich, wie sehr die Bibliothek in der Bildungslandschaft der Stadt oder Gemeinde verankert ist und wie gut die Bibliothek für ihre Aufgabe als Bildungspartnerin aufgestellt ist.

Ein Gesamtbildungsplan stellt die einzelnen Angebote der Bibliothek in einen größeren Zusammenhang – den der städtischen Bildungslandschaft und den der curricularen Grundlagen in den Schulen. Die Angebote stehen nicht mehr lose als „nice to have“ Veranstaltungen der Bibliothek im Raum, sondern bauen aufeinander auf. Sie schulen die Kompetenzen und Fähigkeiten, die die SuS für eine erfolgreiche Schullaufbahn benötigen.

Die Verbindung zu den Lehrplänen und Bildungsstandards verknüpft die Angebote der Bibliothek mit den Anforderungen, die an die Schulen gestellt werden. Die Lehrkräfte sind an diese Anforderungen gebunden und durch einen Gesamtbildungsplan der Bibliothek wird deutlich, dass die Angebote der Bibliothek die Lehrkräfte bei der Erfüllung ihrer lehrplangemäßen Aufgaben unterstützen. So werden die Angebote der Bibliotheken als sinnvolle Ergänzung zum unterrichtlichen Geschehen gesehen. Die Lehrkräfte stellen dann ihre Unterrichtzeit zur Verfügung, um die Bibliothek und ihre Angebote zu nutzen. Sie erkennen den hilfreichen Zusammenhang der Bibliotheksangebote mit den von ihnen selbst zu erfüllenden Lehraufträgen.

Durch das bibliothekspädagogische Gesamtkonzept wird das Angebot der Bibliothek zusammengefasst und übersichtlich dargestellt. Alle Veranstaltungen und Angebote – auch die Ausleihangebote – werden zusammengetragen und mit den jeweiligen curricularen Grundlagen verknüpft. So ergibt sich ein durchdachter, strukturierter Plan, in dem jedes Angebot seinen sinnvollen Platz hat. Die Aufteilung nach den einzelnen Jahrgangsstufen (vgl. hierzu auch: Lücke 2005) macht es dann leicht, die Angebote der eigenen Bibliothek den jeweiligen Lehrplananforderungen mit ihren entsprechenden Lernzielen zuzuordnen. Sie können sich von der Auflistung in „3.2.3 Was beinhaltet das „bibliothekspädagogische" Spiralcurriculum? – Die Lehrinhalte" inspirieren lassen und in diese Tabelle Ihre eigenen Angebote einordnen.

**PRAXISAUFGABE**

Stellen Sie die Angebote ihrer Bibliothek zusammen und ordnen Sie sie den einzelnen Altersstufen des Spiralcurriculums (siehe Kapitel 3.2.3 Was beinhaltet das „bibliothekspädagogische" Spiralcurriculum? – Die Lehrinhalte) zu. Sie werden sehen, wie viele Bereiche des Spiralcurriculums Sie bereits mit Ihren bisherigen Konzepten ausfüllen können.

Sind alle Altersstufen abgedeckt? Sind Ihre Ressourcen gerecht verteilt? Wo sind noch Lücken und welche Altersstufen sind deutlich stärker versorgt?

Erstellen Sie mit Hilfe des Spiralcurriculums eine Gesamtübersicht über Ihre bisherigen Angebote für Bibliothekspädagogik und Leseförderung. Setzen Sie die einzelnen Angebote in einen schlüssigen Zusammenhang zueinander.

Entwerfen Sie so für Ihre Bibliothek ein eigenes bibliothekspädagogisches Spiralcurriculum. Entsprechend in Form gebracht können Sie dieses Programm als Grundlage für Ihre Gespräche mit den Schulen, anderen Bildungseinrichtungen und Ihrer Stadtverwaltung nutzen.

# 4. Der Weg zu einem didaktisch fundierten Konzept

Auf dem Weg zu einem didaktisch fundierten Konzept kommen wir an ein wenig pädagogischer Theorie nicht vorbei. Jeder Mensch hat in seinem Leben pädagogische Erfahrungen gemacht – sei es als Lernender oder auch als Erziehender bzw. Lehrender. Diese Erfahrungen prägen uns und unser pädagogisches Verhalten deutlich – umso wichtiger ist es, dass wir uns diese Erfahrungen vergegenwärtigen und die eigene Vergangenheit (selbstkritisch) reflektieren.

Sicher: Es gibt Menschen, die „aus dem Bauch heraus" gute Lehrkräfte sind – aber das sind die Ausnahmen. Fast alle Menschen werden von inneren Grundannahmen und Vorstellungen aus der eigenen Kindheit geleitet, die direkte Auswirkungen auf unser heutiges pädagogisches Handeln haben.

**PRAXISAUFGABE**

Reflektieren Sie einmal in Gedanken Ihre eigenen Lernerfahrungen:

Wie haben Sie die Schule erlebt?
Wie hat Ihnen der Unterricht gefallen?
Was hat guten Unterricht ausgemacht?
Warum waren manche Lehrkräfte „gut", andere „schlecht"?

Was haben Sie in der Schulzeit gelernt, von dem Sie heute noch zehren bzw. dass Sie heute noch besonders gut im Gedächtnis haben?
Wie ist der Lernprozess bei diesen Inhalten gewesen?

Mit welchen „Glaubenssätzen" in Bezug auf Lernen und Unterricht und in Bezug auf Kinder und Jugendliche sind Sie in das Erwachsenenleben gestartet?

Nach einigen Worten zu lerntheoretischen Grundlagen werden wir in diesem Kapitel exemplarisch den Weg zu einem fundierten Konzept für eine bibliothekspädagogische Veranstaltung nachgehen. Dabei lege ich verstärkten Wert auf handlungsorientierte Unterrichtsmodelle, die die SuS animieren, inspirieren und aktivieren sollen. Besonders wichtig ist, eigenständiges und selbstentdeckendes Lernen zur Grundlage zu nehmen, um die SuS angemessen auf das spätere Leben (in dem keiner einem die Sachverhalte in einem Vortrag vermittelt) vorzubereiten.

## 4.1 Was ist pädagogisches Handeln?

**LERNZIELE**

- Sie lernen verschiedene Arten pädagogischen Handelns kennen.
- Sie können in Ihrem Alltag diese Formen pädagogischen Handelns erkennen und in einen Gesamtzusammenhang einordnen.

Im Grunde genommen hat jeder Mensch die grundlegenden Fähigkeiten, um zu lehren, also um anderen etwas beizubringen. „Lehrbegabung ist weder eine geheimnisvolle Naturanlage noch eine Wissenschaft, die man im Menschen aus dem Nichts aufbauen kann. Lehrbefähigung baut sich aus elementaren Verhaltensweisen auf, die sie im Alltag entwickelt haben, und sie differenziert sich aus Tätigkeiten heraus, die jeder Mensch im Kontakt mit seinen Mitmenschen an den Tag legt." (Aebli 1983, 20)

Prange und Strobel-Eisele (Prange & Strobel-Eisele 2015) unterteilen diese Verhaltensweisen in 5 elementare Formen und 5 komplexe Formen pädagogischen Handelns.

**Elementare Formen:**

- Zeigen
- Übung
- Darstellung
- Aufforderung
- Rückmelden

**Die Grundform: das Zeigen**

Jede Form des Zeigens geht von der Kommunikation der beiden beteiligten Parteien aus: Auf der einen Seite steht der Lehrende, der etwas zeigt – auf der anderen Seite der Lernende, der aufnimmt, verarbeitet und ggf. nachfragt. Kommunikation ist die Grundlage des Zeigens. Sie funktioniert dann am besten, wenn zuvor eine Beziehung zwischen dem Lehrenden und dem Lernenden entstanden ist. Zeigen wird dann pädagogisch, wenn der Lehrende sich vergewissert, ob und wie das Gezeigte beim Lernenden angekommen ist, und ggf. nachbessert oder gegensteuert. (Prange & Strobel-Eisele 2015, 45)

**Die Übung (anschaulich darstellendes Zeigen)**
Bei der Übung zeigt der Lehrende anschaulich darstellend (ostensiv) – z. B. durch Vormachen – was der Lernende lernen = üben soll. Bei dieser Form des Zeigens und Mitmachens entsteht die größte Nähe zwischen dem Lehrenden und dem Lernenden. Üben wird immer von Rückmeldungen begleitet und endet erst, wenn der Lernende die Handlung automatisch beherrscht. Besonders bei der Ausbildung in handwerklichen Berufen spielt das Üben (Vor- und Mitmachen – Nachmachen) eine besonders große Rolle. (Prange & Strobel-Eisele 2015, 55-56)

**Die Darstellung (repräsentatives Zeigen)**
Das repräsentative Zeigen ist ein Lehren durch die Darstellung der Lern-inhalte, z. B. in Büchern, auf Bildern, in Erzählungen, Filmen usw. Damit ist diese Form des Zeigens ein Lehren durch und mit Medien, die die Darstellung der Inhalte tragen. Die Darstellung repräsentiert die Inhalte und der Lehrende vertraut darauf, dass sich eine Vorstellung bei dem Lernenden bildet, obwohl die Sache an sich nicht da ist. Dabei beschränkt sich die Darstellung nicht nur auf abbildbare Dinge, sondern auch auf abstraktere Zeichen und Inhalte (z. B. Rote Ampel = Gefahr). Aus dem Erzählen wird dann im Laufe der Zeit ein Begründen und Erklären, später werden objektive Beweise gegeben und damit der Übergang in die fragende Diskussion geebnet. (Prange & Strobel-Eisele 2015, 69)

**Die Aufforderung (direktives Zeigen)**
Nachdem die Lernenden schon durch das Zeigen, Üben und Darstellen etwas gelernt haben, können sie nun durch die Aufforderung auf einen gewünschten Weg gebracht werden. Dies geschieht, indem dem Lernenden eine Aufgabe gestellt wird, die ihn herausfordert, ihm Gelegenheit gibt, das bisher Gelernte anzuwenden und zu üben. Dabei hat die Aufforderung bzw. die Aufgabe im-

mer einen thematischen Bezug zu dem bisher Gelernten. Es macht keinen Sinn, Aufgaben zu stellen, zu denen vorher nicht die notwendigen Grundlagen gelegt worden sind.

Die Aufforderung kann verschiedene Stärkegrade haben: von der indirekten Aufforderung (z. B. durch das Geschenk eines Musikinstrumentes) über Bitten, Apelle und Ratschläge bis hin zu Anweisungen und Befehlen. Auch das Ermuntern und Ermutigen, etwas Bestimmtes zu tun, sich etwas zu zutrauen, ist eine Aufforderung.

Auch der Lernende hat eine ganze Bandbreite von Möglichkeiten, mit denen er auf die Aufforderung reagieren kann: Von der bereitwilligen, einsichtigen Mitarbeit über einforderndes Fragen bis zu widerspenstigen, resistenten Verweigerung ist alles möglich. (Prange & Strobel-Eisele 2015, 73)

**Das Rückmelden (reaktives Zeigen)**

Beim Rückmelden – oder neudeutsch: Feedback geben – geht es darum, wie die Lernenden auf unser bisheriges pädagogisches Handeln reagieren. „Es geht beim reaktiven Zeigen [vor allem] um die Thematisierung des vergangenen Lernens. […] Diese „pädagogische Nachsorge“ reicht vom einfachen „Ja“ und „Nein“ über weiter gehende Formen der Bestärkung und der Missbilligung bis zu umfassenden Beurteilungen.“ (Prange & Strobel-Eisele 2015, 87)

Die elementarsten Formen unserer Rückmeldung sind Freude/Lob/Anerkennung oder Enttäuschung/Tadel/Kritik, also unsere gefühlsmäßigen Reaktionen auf das Verhalten der Lernenden. Die Funktion des Rückmeldens ist für den Lernenden von wesentlicher Bedeutung: Meist kann der Lernende selbst nicht genügend einschätzen, ob er das bisher Erlernte richtig umgesetzt hat, ob er sich verbessert und weiterentwickelt oder was zum Erfolg noch fehlt.

Komplexe Formen:

- Arrangieren
- Spielen
- Arbeiten
- Erleben
- Strafen

Lernen findet vielfach auch nebenbei statt. Das Leben an sich ist der größte Lehrmeister. SuS lernen von Gleichaltrigen (Peer-Group), von dem sozialen Umfeld, von der Gesellschaft, in der sie leben usw. fast noch mehr, als durch in der Schule vermittelten Stoff. Nicht immer passen diese Lerninhalte zu dem, was laut Bildungsplänen oder gesellschaftlichen Normen an die SuS vermittelt werden soll. Manchmal stehen sie diesen sogar entgegen. Diese „Gelegenheitserziehung" (Prange & Strobel-Eisele 2015, 108) bildet die komplexen Formen des pädagogischen Handelns, von denen einige hier aufgeführt sind.

**Das Arrangieren**

Arrangieren bedeutet, eine Lernumgebung entsprechend vorzubereiten, so dass die Lernenden diese als anregend und inspirierend empfinden. Sie sollen alle Materialien und Geräte usw. zur Verfügung haben, die sie benötigen, um selbst auf Entdeckungstour zu gehen. Dabei sollte darauf geachtet werden, dass der „pädagogische Zeigefinger" des Arrangements nicht zu deutlich zu spüren ist. Aber auch „soziale Arrangements" (Veranstaltungen, Lesungen, PoetrySlams usw.) können zum Lernen anregen. (Prange & Strobel-Eisele 2015, 110-111)

Makerspaces sind arrangierte Lernumgebungen in Reinkultur. Und so gesehen sind Bibliotheken als Lernorte eine ganz eigene Form des „Makerspaces" bzw. der arrangierten Lernumgebung, nicht nur für SuS, sondern für alle Menschen die diese nutzen.

**Das Spielen**

Das Spielen ist eine ureigene Eigenschaft der Kinder. Erst mit den älteren Jahren kommen mehr und mehr die Pflichten und Aufgaben hinzu, die nicht mehr zum Spiel gerechnet werden können. In unseren modernen Zeiten ist die Anforderung, alles „spielerisch" zu lernen, einer der höchsten Ansprüche an pädagogische Lernarrangements geworden. Mit dem großen Bereich der „Gamification" hat auch in der Erwachsenenwelt das Spiel (mit und durch Computer) auf seriöse Weise Einzug gehalten.

Die Merkmale des Spiels sind: freie bzw. absichtslose Handlung, nicht ziel- oder zweckgerichtet, wiederholbar und nicht effizient, Spiel hat seine eigene Raum und Zeit, es gibt Spiel-Regeln, Spielen nimmt reale Handlungen (so tun als ob) vorweg, Spielen erzeugt Gemeinschaft. (Prange & Strobel-Eisele 2015, 121)

Es können drei Stufen des Spiels unterschieden werden:

1. Übungsspiel: Üben von Handlungen durch stetes Wiederholen
2. Symbolspiel: Ausprobieren durch in Rollen schlüpfen
3. Regelspiel: Einüben von Regeln, deren Aufstellung und Einhaltung.

**Das Arbeiten**

In unserer heutigen Gesellschaft wird Lernen als eine besondere Form der Leistung angesehen. Erfolg und Ansehen ist nicht mehr von dem Gesellschaftsstand abhängig, in den man hineingeboren wurde, sondern kann durch Arbeit und Leistung selbst erreicht werden. Arbeit und Leistung stellen wichtige Faktoren auf dem Weg zu Emanzipation, Selbstbestimmung und Eingliederung in unsere Gesellschaft dar. (Prange & Strobel-Eisele 2015, 129)

Wie wird Arbeiten nun pädagogisch? Arbeiten muss gelernt und geübt werden. Schon kleine Kinder bekommen nach und nach Aufgaben übertragen, die eher als Arbeit gelten können und nicht dem Spiel zuzuordnen sind. Dabei lernen sie, diese Aufgaben auch dann zu erfüllen, wenn sie eigentlich keine Lust dazu haben und lieber etwas anderes tun möchten. (Prange & Strobel-Eisele 2015, 133)

Da die Durchführung von Lehr- und Lernprojekten ebenfalls als Form des gemeinsamen und einzelnen selbstständigen Arbeitens angesehen wird, eröffnet sich hier ein weites Feld für den Einfluss von Arbeit auf verschiedene Lernszenarien. Die Lehrkraft wird in Projekten eher zum Moderator und Organisator von Lernprozessen.

**Das Erleben**

Beim Erleben im pädagogischen Sinne geht es vor allem um besonders herausragende Erlebnisse. Diese Erlebnisse fordern den Lernenden heraus, irritieren ihn, stellen bisherige Annahmen und Haltungen in Frage. Solche Situationen können Lernprozesse anregen, wenn sich der Lernende diesen Momenten öffnet und sich auf sie einlässt. Es ist nicht maßgeblich, was gelernt wird, sondern wie der Lernende auf eine (anregende, ergreifende, erschütternde usw.) Situation reagiert. (Prange & Strobel-Eisele 2015, 139) Besondere Erlebnisse und Krisen können in pädagogischer Absicht auch bewusst herbeigeführt werden (Erlebnispädagogik).

Je kleiner die Kinder sind, desto wichtiger ist die Rolle des Erziehenden als Begleiter. Die Kinder wollen Erlebtes erzählen, brauchen Zuspruch und Ermunterung. Nicht alles, was erlebt wird, ist schön, dann werden die Begleiter auch für Trost und Hilfe benötigt. Ziel einer solchen Begleitung ist es, bei der Verarbeitung der Erlebnisse zu unterstützen, damit der Lernende sich selbst besser kennenlernen kann.

**Das Strafen**

Unser gesellschaftliches Zusammenleben funktioniert nur mit Regeln, Verabredungen und Vorgaben, die von den Mitgliedern der Gesellschaft ausgehandelt und von allen anerkannt werden. Auch in Bibliotheken gibt es zahlreiche Regeln, die gegenüber den SuS bekannt gemacht und schließlich durchgesetzt werden müssen.

Strafen (im Sinne von absichtlich zugefügten Nachteilen oder Aberkennung von Anerkennung) werden in bibliothekspädagogischen Angeboten sicher selten vorkommen. Wenn es sich um die Durchsetzung der in der Bibliothek geltenden Regeln handelt, sind dem Bibliothekspersonal deutliche Grenzen in der Ausübung von Druck gesetzt. Strafen wird sich hier z. B. eher auf das Ermahnen, Androhen von Strafgebühren und im schlimmsten Fall auf ein Hausverbot beschränken.

Strafen werden erst dann pädagogisch, wenn die bloße Strafe durch begleitende Maßnahmen ergänzt oder ersetzt werden, die eine Wiedereingliederung in das soziale Gefüge unserer Gesellschaft unterstützen und fördern. Besserung bzw. Resozialisierung gehört zum Strafzweck dazu. (Prange & Strobel-Eisele 2015, 147)

Und schließlich sind die Situationen, in denen gegen die Regeln und Normen verstoßen, wird auch immer Anlässe und Gelegenheiten, um genau über diese Regeln und Normen selbstkritisch nachzudenken.

## 4.2 Von der Makro- zur Mikro-Didaktik

LERNZIELE

- Sie lernen die verschiedenen didaktischen Ebenen kennen und wissen, wie Sie diese für Ihre bibliothekspädagogische Veranstaltung nutzen können.

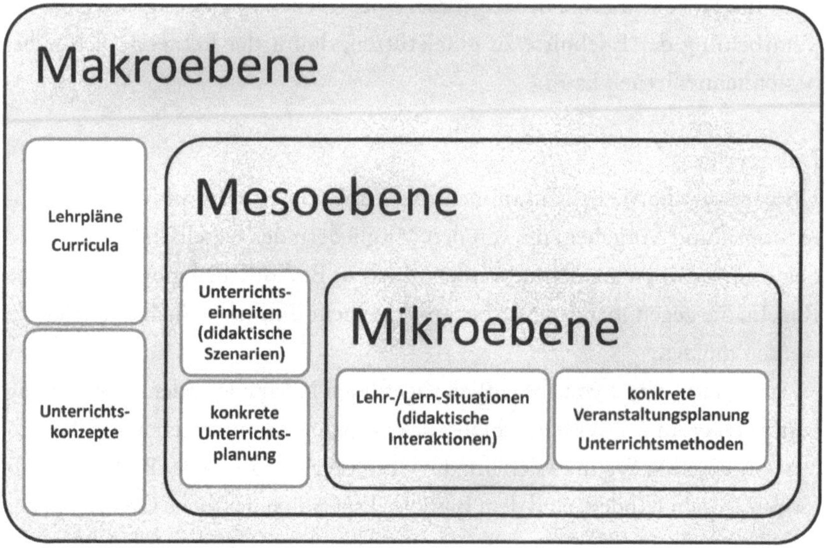


Abbildung 6: 3 Ebenen didaktischer Planung

Auf der übergeordneten **Makroebene** handelt es sich um grundsätzliche Entscheidungen, wie der Unterricht eingebunden sein soll. Von Freiarbeiten und individualisiertem Unterricht über klar festgelegte Lehrgänge bis hin zur kooperativen Projektarbeit und dem ganz normalen gemeinsamen Unterricht sind diese institutionell festgelegten Großformen meist vorgegeben. Eine Entscheidung für eine Abwechslung bei diesen Großformen bringt weitreichende Konsequenzen für die ganze weitere Unterrichtsplanung mit sich.

Auf der mittleren **Mesoebene** geht es bei Methodenvielfalt um verschiedene Bereiche innerhalb des Unterrichts. Die verschiedenen Sozialformen (Einzelarbeit, Partnerarbeit, Gruppenarbeit oder Plenumsarbeit) können auch innerhalb einer Veranstaltung abgewechselt werden. Hier finden sich die einzelnen Bausteine, mit denen einzelne Phasen oder Schritte des Unterrichts gestaltet werden können. Diese fügen sich in den Verlauf des Unterrichts und in seine Phasen (Einstieg, Arbeitsphase, Ergebnissicherung) ein.

Auf der **Mikroebene** geht es um kleine bzw. kurze Situationen, Reaktionen und Handlungen.

Die verschiedenen Ebenen erweisen sich bei der Planung von Unterricht als besonders hilfreich. Die Planungen werden vom „Groben" ins „Feine" aufgeteilt, strukturiert und durchgeplant. (siehe hierzu auch Kapitel 5.2 Didaktisches „Verpacken")

**PRAXISAUFGABE**

In welche makrodidaktischen Zusammenhänge wird Ihre Veranstaltung eingebunden sein?
Welche Methoden werden Sie auf der Mesoebene bevorzugen?
Gibt es bereits Situationen, von denen Sie wissen, dass diese in die Lehrveranstaltung eingebunden sein werden?

## 4.3 Wie funktioniert Lernen?

### 4.3.1 Welche Arten von Lernen gibt es?

**LERNZIELE**

- Sie lernen verschiedene Lerntheorien und Modelle von Lernen kennen.
- Sie können einschätzen, welchen Einfluss verschiedene Lerntheorien auf die Gestaltung von Unterricht haben.
- Sie können für sich eine Entscheidung treffen, nach welchen Prinzipien Sie Ihre Veranstaltung ausrichten möchten.

Es gibt die verschiedensten Modelle davon, wie ein Mensch lernt. Viele Theorien versuchen diesen vielschichtigen Bereich abzubilden. Der Mensch lernt ununterbrochen und auf die vielfältigsten Arten. Die Lerntheorien bilden jeweils einzelne – durchaus aus dem Gesamtlernprozess herausgelöste – Aspekte und Sichtweisen von Lernprozessen ab. Aber keine Art zu lernen kann in reiner Weise der einen oder anderen Lerntheorie zugeordnet werden. Der

Mensch ist ein komplexes Wesen, das von seiner Umwelt nicht losgelöst betrachtet werden kann. Auch wenn in eine bibliothekspädagogische Veranstaltung bestimmte lerntheoretische Ansätze fließen sollen – die Umwelt und die Mitmenschen prägen immer mit. Deshalb ist es wichtig, sich deutlich zu machen, welche verschiedenen Ansätze und Modelle es für Lernprozesse gibt.

**Reiz-Reaktions-Lernen: Skinners Ratte und Pawlows Hund**

Früher konnte man sich nur auf das beziehen, was man direkt an Handlungen von außen sehen und messen konnte. Alles, was sich im Gehirn abspielte war unklar und entzog sich den bisherigen Vorstellungen. Man sprach daher vom Gehirn und den Denk- und Verarbeitungsprozessen als einer „Black Box". Zu Beginn wird ein (definierter) Reiz hinein gegeben, in der Black Box findet eine Verarbeitung statt, die man nicht sehen kann und am Ende erfolgt eine Reaktion, die wiederum sicht- und messbar ist.

Die bekanntesten Vertreter des sogenannten „Behaviorismus" sind sicherlich B. F. Skinner und I. P. Pawlow.

Skinner wurde bekannt durch seine Experimente mit Ratten, die der operanten Konditionierung zugeordnet werden. Er brachte eine Ratte in einem reizarmen Käfig unter. Durch die Betätigung von Hebeln konnten die Ratten Futter erlangen. Eine ebenfalls eingebaute Lampe zeigte an, wann Futter erreichbar war und wann nicht. Die Ratte lernte nun auf das Lichtsignal zu warten und dann den Hebel zu bedienen, um an ihr Futter zu gelangen.

Pawlow wurde berühmt durch seine Experimente mit Hunden, die zur klassischen Konditionierung zählen. Er hat zwei Reize miteinander verknüpft, die eigentlich nichts miteinander zu tun haben. Jedes Mal, wenn dem Hund Futter gereicht wird, ertönt ein Klingelsignal. Beim Anblick des Futters läuft dem Hund das Wasser im Mund zusammen. Nach einer Weile werden diese beiden Reize im Gehirn miteinander verknüpft. Nach der Konditionierung läuft dem Hund bereits das Wasser im Munde zusammen, wenn er nur den Klingelton hört.

Reiz-Reaktions-Lernen finden wir in vielen Bereichen des Alltags und vor allem beim emotionalen Lernen und in der Werbung wieder. Alle existierenden Formen des Lernens werden unbewusst oder bewusst von Konditionierung mitgeprägt. Positive oder negative Erfahrungen mit Lehrenden, attraktive oder ungemütliche Räumlichkeiten und vieles mehr haben einen indirekten Einfluss auf das Lernen z. B. von Einstellungen und Haltungen, von Motivation oder Abneigung. In diesen Bereich gehört ebenfalls das positive Verstärken von erwünschtem Verhalten (Belohnen) und das negative Verstärken (Bestrafen) von unerwünschtem Verhalten. Diese Effekte sollten bei der Planung von bibliothekspädagogischen Angeboten mit bedacht werden. (vgl. hierzu auch Wiater 2007, 22)

Was bedeutet diese Lerntheorie nun für die Planung von Unterricht? Der Grundgedanke „Verstand und Verhalten als Black Box" führt zu einer sehr dominanten Rolle des Dozenten. Der Lernende ist lediglich der Empfänger. Nachteilig ist die Reduzierung von Wissensvermittlung auf „Training oder Drill". Alle Vorgänge, die im Gehirn des Lernenden (Verstehen, Nachdenken, Einsicht) stattfinden, werden ausgeklammert. Vorteilhaft ist dagegen, dass Handlungen und Fertigkeiten „inwendig" gelernt werden können und das die Vermittlung von Wissen an eine große Menge von Lernenden gleichzeitig stattfinden kann.

**Lernen am Modell: Vorbilder und Idole**

„Eine der wichtigsten Aufgaben bei der Kindererziehung ist die Sozialisierung der Kleinen – ihnen also sozial angemessenes Verhalten beizubringen. Die wichtigsten Sozialisierungsinstanzen einer Gesellschaft sind ihre größten kulturellen Institutionen: Familie, Schule, Kirche, Spielplatz, Kommunikationsmedien usw. Diese Institutionen vermitteln Kindern die Sitten, Gebräuche, Werte, Gewohnheiten, Überzeugungen und andere Dinge, durch die sich menschliche Kulturen definieren.“ (Lefrancois 2014, 350) SuS lernen dabei nicht nur von den Erwachsenen, die sie bewundern, sondern auch von ihren AltersgenossInnen. Dieses Peer-Lernen (Lernen durch und von Gleichaltrigen) kennen alle Eltern, die sich wundern, welche neuen Verhaltensweisen die Kinder schon nach ein paar Tagen im Kindergarten oder in der Schule mit nach Hause bringen.

Der wichtigste Vertreter des sozial-kognitiven Lernmodells ist A. Bandura. Er hat die Begriffe „Lernen am Modell“, „Imitationslernen“ und „Beobachtungslernen“ geprägt. Der Erfolg des Modelllernens hängt dabei aber von einigen wesentlichen Faktoren ab:

- Der Lernende muss eine gefühlsmäßige Beziehung zu seinem Modell haben oder sein Modell bewundern.
- Das Modell muss wichtig sein, Ansehen oder Macht haben oder einen hohen sozialen Status innehaben (Eltern, Lehrer, Chef, berühmte Menschen, YouTube-Stars, Film-Helden, aber auch der Klassen-Clown ...).
- Das Verhalten muss im Rahmen der Möglichkeiten des Lernenden liegen.
- Das Modell muss auch Erfolg mit seinem Verhalten haben oder dafür belohnt oder bewundert worden sein.
- Der Lernende muss für das Zeigen von erlerntem Verhalten belohnt werden.

Welche Rückschlüsse für den Unterricht kann man aus dieser sozialkognitiven Theorie ziehen? Verschiedene Bedingungen beeinflussen nach Bandura das Lernen am Modell erheblich:

- Der Lernende muss dem Modell die notwendige Aufmerksamkeit widmen.
- Der Lernende muss behalten, was ihm vorgemacht worden ist/was er beim Modell gesehen hat.
- Der Lernende muss physisch und psychisch in der Lage sein, das Vorgemachte auch nachmachen zu können. Er muss auch davon überzeugt sein, dass er das vorgemachte Verhalten nachmachen kann (Selbstwirksamkeit).
- Der Lernende muss motiviert sein, das vorgemachte Verhalten zu imitieren und sein gewünschtes Verhalten muss positiv verstärkt werden (durch das

Modell, durch Dritte oder durch den Lernenden selbst). Lehrkräfte gehören zu den wichtigsten Stimulations- und Motivationskräften im Unterrichtsgeschehen

Bandura ist dabei davon überzeugt, dass wir nicht einfach unseren Reflexen, Trieben oder psychischen Voraussetzungen unseres Verhaltens ausgeliefert sind – wir tragen die Verantwortung für unser Tun und wir sind die Bestimmer unserer eigenen Handlungen. (Lefrancois 2014, 366)

**Lernen durch Einsicht: Der „Aha"-Effekt**

„Kognitive Lerntheorien [...] gehen davon aus, dass Wahrnehmen, Denken und Handeln nicht durch Aneinanderreihung und Verknüpfung von einzelnen Reizen und Reaktionen zustande kommen, sondern durch Einsicht in den Sinn und den Gesamtzusammenhang. [...] Lernen [ist] ein Akt, an dem der Mensch nicht nur mit seinem Intellekt, sondern mit seiner ganzen Persönlichkeit beteiligt ist, mit seiner Lerngeschichte, seinem Lernstil, seinen ererbten oder erworbenen Besonderheiten sowie seinem sozialen Umfeld." (Wiater 2007, 25-26)

Neben den gestaltpsychologischen Grundlagen (z.B. M. Wertheimer, W. Köhler) stehen viele weitere Vertreter für die kognitiven Lerntheorien: z.B. J.S. Bruner, J. Piaget, H. Aebli.

Welchen Einfluss hat der Kognitivismus auf den Unterricht? Die Rolle des Lehrenden verändert sich – er bereitet die Lehrinhalte auf und vor und wählt die Methoden und Verfahren aus, die den Lehr-Lern-Prozess beeinflussen. Der Lernende nimmt aktiv am Lehr-Lern-Prozess teil – sein Verstehen bestimmt das Lerntempo.

Der Nachteil ist, dass Lernen als mentaler „programmierbarer" Prozess angesehen wird und die sonstigen Umweltfaktoren nicht berücksichtigt werden. Der Lehrende bestimmt weiterhin weite Teile des Lernprozesses, selbstgesteuertes Lernen findet hier noch nicht statt.

Vorteilhaft ist aber die deutlich aktivere Rolle des Lernenden. Der Mensch wird als Individuum in den Lernprozess eingebunden, der Reize aktiv und selbstständig verarbeiten kann. Die Einsicht knüpft an bestehendes Vorwissen an und sichert durch die Integration der neuen Informationen in bereits bestehende Wissensstrukturen den Lerneffekt.

„Es müssen Lernwege angeboten und Lernumgebungen zur Verfügung gestellt werden, die die individuelle Verarbeitung des Lerninhalts ermöglichen; dazu zählen sowohl Formen der direkten Instruktion als auch Möglichkeiten zu selbstständigem Lernen und zu Lernen in Gruppen. [...] Die kognitivistische Sicht des Lernens betrachtet das Unterrichten als Anleitung, Darbieten, Erklären und Überprüfen vorgegebener Inhalte durch den Lehrer (Instructional Design Ansatz).“ (Wiater 2007, 28)

**Lernen durch eigene Erfahrung: Jeder sieht die Welt anders**

Abbildung 7 Wie Nicht-Sehende einen Elefanten beschreiben

Der Konstruktivismus (Vertreter P. Watzlawick, E.V. Glasersfeld, K. Reich u. a.) geht davon aus, dass wir uns unsere Wirklichkeit selbst konstruieren. Es gibt keine „allgemeingültige“ Wirklichkeit an sich, sondern jede Beobachtung ist von der beobachtenden Person abhängig. Jeder hat seine eigene Logik, seine eigenen Erfahrungen und Erkenntnisse. Daher kann Wissen nicht von einem Kopf in den anderen vermittelt werden. Vielmehr muss sich der Lernende das Wissen selbst erarbeiten (konstruieren) und es mit seinen bisherigen Kenntnissen und Erfahrungen verknüpfen.

Welche Konsequenzen können aus der konstruktivistischen Theorie für den Unterricht gezogen werden?

Die SuS werden durch die Lehrkraft angeregt und angeleitet. Sie setzen die Lerninhalte zu ihrer eigenen Welt und zu ihrem Vorwissen in Beziehung. Sie brauchen Zeit und Raum, um eigene Deutungen und Sinngebungen zu entwickeln. Wissen entsteht hauptsächlich durch soziale Kontexte z. B. in Lerngruppen oder bei Teamarbeit. Die SuS müssen ihr eigenes Lernverhalten reflektieren können. Unterricht wird als Anregung für die SuS gestaltet und nicht als Belehrung oder Kontrolle. Lernen an „echten" und „lebensnahen" Problemfeldern erhöht die Lernmotivation und die Lernflexibilität. Unterrichten wird als vorbereitetes Gestalten von Lernumgebungen betrachtet, in der sich die SuS selbstständig aktiv neue Inhalte erarbeiten können. Die Lehrkraft ist „lediglich" der Coach für den bei den SuS selbst stattfindenden Lernprozess. Die SuS werden so zum selbstständig Handelnden und werden nicht mehr als Objekte gesehen, denen etwas „eingetrichtert" werden muss. Als Leistung der SuS werden vor allem der Lernprozess selbst, der Umgang mit dem (neuen) Wissen und die selbstkritische Reflektion angesehen. (Wiater 2007, 30-31)

Der Verstand wird beim Konstruktivismus als Schaltzentrale angesehen, der die einkommenden Informationen verarbeitet, bewertet und in das vorhandene Wissen einsortiert. Von Nachteil ist, dass die Lehrkraft den Lernprozess zwar anregen, aber nicht direkt beeinflussen kann. Starke SuS profitieren von selbstentdeckendem und eigenständigem Lernen. Schwächere SuS bedürfen einer gezielten Unterstützung durch die Lehrkraft. Der Lernprozess dauert zwar länger, aber das erarbeitete Wissen ist wesentlich nachhaltiger verankert.

**Lernen durch Netzwerke: Alles ist miteinander vernetzt**

Grundlage der neuesten Überlegungen zum Thema Lernen ist die technische und digital veränderte Welt. Noch wird diskutiert, ob es sich hier lediglich um ein Modell für Lernprozesse handelt oder ob der Konnektivismus bereits als vollwertige Lerntheorie gelten kann. Diese Diskussion ändert aber nichts an der Tatsache, dass wir uns neue Strategien überlegen müssen, um mit der rasant wachsenden Menge an Wissen und der immer kürzer werdenden Halbwertzeit von Informationen umzugehen. George Siemens hat 2005 seine Gedanken hierzu in einem Zeitschriftenartikel ausgeführt (Siemens 2005) und gemeinsam mit Stephen Downes 2008 (und 2011) einen MOOC über Konnektivismus durchgeführt. Seitdem werden G. Siemens und S. Downes als Hauptvertreter des Konnektivismus angesehen.

Der Grundgedanke ist, dass wir hauptsächlich in Netzwerken Wissen generieren und neue Verknüpfungen erstellen. Dabei können ebenso andere Menschen, Computer, das Internet oder die ganze Gesellschaft Knotenpunkte für diese Verknüpfungen sein. Die Hauptfrage ist, wie können wir diese Netzwerke wachsen lassen, fördern und weiter entwickeln.

Die wichtigste Kompetenz, um in diesem neuen digitalen Zeitalter bestehen zu können und nicht in der Informationsflut unterzugehen, ist Informationskompetenz, also die Fähigkeit, Informationen zu finden und zu bewerten und Wichtiges von Unwichtigem zu unterscheiden. Es stellt sich die Frage: Welchen Netzwerken können wir vertrauen, welche Netzwerke funktionieren und welche sind erfolgreich.

Aus diesen Überlegungen heraus entstehen neue pädagogische Konzepte, die die Rolle des Lehrenden und des Lernenden erheblich verändern.

Welche Auswirkungen hat der Konnektivismus auf die Sichtweise auf Unterricht?

Die Rolle des Lehrenden löst sich auf, wir alle sind Wissensträger, also können auch wir alle Lehrende sein. Der Lehrende ist am ehesten noch der Organisator, der Netzwerke anregt und Individuen verbindet. Wir alle sind aber auch die Lernenden. Lernen ist die Fähigkeit, neue Verknüpfungen zu erstellen. Maßgeblich ist in diesem Sinne nicht der Einzelne, sondern das Netzwerk.

Die Anknüpfung an dieser „Weisheit der Vielen" ist sicherlich von Vorteil. Die Informationen stehen nicht mehr allein, sondern sind immer mit anderen Informationen verknüpft und damit erst in einem Zusammenhang wertvoll. Aber: Netzwerke allein bringen keine Informationen „in den Kopf" und schaffen keine Fertigkeiten. Es bleibt nach wie vor Aufgabe des Lernenden, die einzelnen Informationen zu verarbeiten und anzuwenden.

Angewendet werden diese pädagogischen Modelle vor allem im Bereich des eLearning.

**LITERATURTIPP**
Die lernpsychologischen Grundlagen können hier nur kurz angerissen werden. Wer sich gerne mehr mit dem Thema Lernpsychologie beschäftigen möchte, findet bei Lefrancois eine gute, leicht und unterhaltsam zu lesende Einführung.
Lefrancois, Guy R. (2014): Psychologie des Lernens. 5., Aufl. 2014. Berlin: Springer Berlin (Springer-Lehrbuch).

### 4.3.2 Wann ist Lernen erfolgreich?

**LERNZIELE**
- Sie kennen die Faktoren, die für erfolgreiches Lernen stehen und können Beispiele für die vier wichtigsten Bereiche nennen.

Bibliotheken haben gegenüber schulischem Unterricht einige Vorteile, die sie für die Motivierung der SuS nutzen können. Allein der Raum Bibliothek als außerschulischer Lernort oder die – für die SuS ungewohnte – Bibliothekarin als Lehrpersonal tragen zu einer erhöhten Aufmerksamkeit bei. Die SuS freuen sich, aus der gewohnten Lernumgebung und auch aus eingefahrenen Lehrmustern herauszukommen.

Wann ist Lernen erfolgreich?

- ✓ **Spaß:** Positiv besetzte Erlebnisse werden deutlich länger im Gehirn gespeichert, als negativ besetzte. Spaß und Freude erhöhen die Motivation am Lernen.
- ✓ **Motivation:** Intrinsische Motivation (von Innen heraus) ist die wichtigste Zutat für erfolgreiches Lernen. Belohnung und Anerkennung vermitteln zusätzliche Motivation.
- ✓ **Verstehen:** Das eigene Nachdenken und Verstehen verankert die Lehrinhalte wesentlich tiefer, als bloßes Auswendiglernen.
- ✓ **Neugierde:** Neugierde ist die Grundlage für selbstentdeckendes und selbstgesteuertes Lernen. Wissen, das selbst erarbeitet wurde, wird wesentlich besser behalten und weiter benutzt.

- ✓ **Nutzen:** Wenn der Nutzen des zu erlernenden Wissens deutlich wird, ist die Motivation größer, dieses Wissen zu erwerben.
- ✓ **Anwendung:** Übung macht den Meister – häufiges Anwenden verankert das Erlernte im Gedächtnis.

Auch bei bibliothekspädagogischen Angeboten werden moderne didaktische und pädagogische Methoden und Ansätze genutzt, um Unterricht interessant zu gestalten und die SuS zu motivieren und zu aktivieren. Die vier wichtigsten Bereiche hierfür werden hier einmal genauer betrachtet.

Aktivierende, abwechslungsreiche Lehrmethoden dienen der Auflockerung des Unterrichtsgeschehens. Sie sollen die Kreativität der SuS wecken und bei der Ideenfindung helfen. So werden die SuS aktiv und mitgestaltend am Unterricht beteiligt.

Solche aktivierenden Methoden können z. B. sein: Diskussionen, Arbeitsgruppen, Spiele, Brainstorming oder gemeinsames MindMapping.

Bei selbstentdeckendem und selbstgesteuertem Lernen verändert sich die Rolle der Lehrkraft wesentlich. In der neuen Rolle fungiert die Lehrkraft eher als Coach, Beraterin oder Trainerin. Sie bereitet die Lernaufgaben vor und gestaltet die Lernumgebung. Die SuS werden dann selbst aktiv und erarbeiten sich die Inhalte selbst. Sie probieren verschiedene Wege und Möglichkeiten aus. Dabei steuern die SuS den Lernprozess selbst – in Tempo, Inhalt und Tiefe.

Beispiele für selbstentdeckendes Lernen finden sich z. B. bei Rechercherallyes und Projekten, die von den SuS selbst durchgeführt werden (Filmprojekte o. ä.).

Wesentliche Grundlage für eine hohe Lernmotivation ist die Vermittlung von Sinn. Die zu vermittelnden Inhalte sollten auf jeden Fall in einen größeren Zusammenhang eingebunden werden und übersichtlich strukturiert dargestellt werden. Die Ziele, die erreicht werden, sollen den Lernenden deutlich werden.

Belohnung durch Anerkennung fördert die Motivation und wertschätzendes Feedback erleichtern und fördern die Weiterentwicklung.

Die Beispiele, Übungen und Aufgaben kommen aus dem Alltag oder dem „echten" Leben der SuS. So kann eine direkte Verbindung zur Lebenswelt der Lernenden spürbar werden. Das Erlernte soll später auch angewendet werden. Entweder kennen die SuS die konkreten Anwendungsmöglichkeiten selbst oder werden von der Bibliothekarin darauf hingewiesen.

Praxisnahe Inhalte können z. B. sein: Tipps zur Recherche für die Facharbeit, Hilfen bei Referaten und Informationen begleitend zum Unterricht. Aber auch direkte Verbindungen zu den Hobbys und Freizeitbeschäftigungen der SuS wie z. B. Sport, Musik, Film und Fernsehen holen die SuS in ihrer Lebenswelt ab und sichern eine erhöhte Aufmerksamkeit.

## 4.4 Lehrinhalte

**LERNZIELE**

- Sie können die Lehrinhalte zu den Lernzielen abgrenzen.
- Sie können die Lehrinhalte Ihrer bibliothekspädagogischen Veranstaltung benennen und formulieren.

Lehrinhalte stehen zwar in engem Zusammenhang mit den Lernzielen, wenn es um die Planung und Durchführung einer Veranstaltung geht. Aber sie sind trotzdem mit diesen nicht gleich zu setzen. Lehrinhalte sind die Zusammenstellungen des „Stoffes" an sich. Sie finden in Kapitel „3.2.3 Was beinhaltet das „bibliothekspädagogische" Spiralcurriculum? – Die Lehrinhalte" eine detaillierte Zusammenstellung der Lehrinhalte, die in den verschiedenen Klassenstufen bei bibliothekspädagogischen Angeboten Unterrichtsthema sein können.

Erst die Verbindung dieser Inhalte (z. B. „Katalog der Bibliothek“) mit den Zielen, die die SuS erreichen sollen (z. B. „Den Katalog zur einfachen Recherche nutzen“) stellt die Inhalte dann zu den Lernzielen in Beziehung.

Lehrinhalte, Lernziele und Unterrichtsmethoden stehen in einer direkten Wechselbeziehung zueinander (vgl. hierzu Grafik (Meyer 2005, 55-56). Erst diese Wechselbeziehung macht den Unterricht aus:

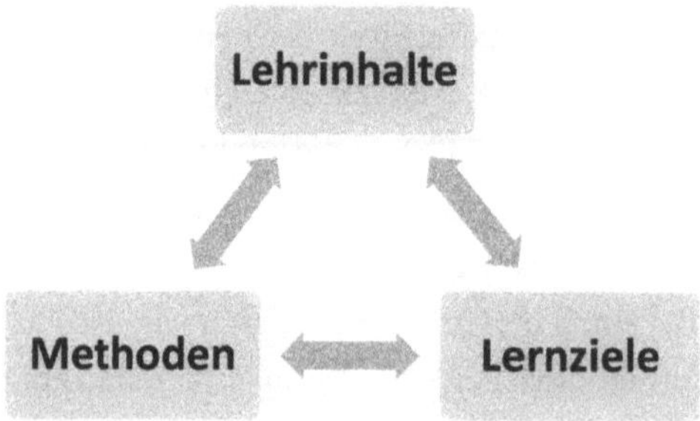


Abbildung 8: Wechselbeziehungen nach Meyer: Didaktische Modelle

**PRAXISAUFGABE**
Stellen Sie sich für den weiteren Verlauf der Planungen in diesem Buch eine bestimmte Veranstaltung vor. So können Sie am einfachsten alle einzelnen Stationen der weiteren Planungen nachvollziehen.
Gehen Sie für eine fiktive Klasse einer bestimmten Jahrgangsstufe die einzelnen Inhalte im bibliothekspädagogischen Spiralcurriculum durch und stellen Sie die Inhalte zusammen, die Sie dieser Klasse vermitteln möchten.

## 4.5 Lernziele

**LERNZIELE**
- Sie können verschiedene Arten von Lernzielen benennen.
- Sie wissen, was Lernzieltaxonomie bedeutet und können Lernziele in verschiedene Schwierigkeitsstufen einteilen.
- Sie können Lernziele von den Lehrinhalten abgrenzen und die Lernziele prägnant formulieren.

Nachdem Sie sich über die Lehrinhalte informiert haben, die Sie vermitteln möchten, müssen Sie sich auch die einzelnen Lernziele verdeutlichen. Lernziele können in Richtziele, Grobziele und Feinziele unterteilt werden.

**Richtziele** sind nicht sehr präzise, nicht eindeutig und auch nicht konkret. Im Grunde bestimmen Sie lediglich die Richtung und geben eine Grundlage für die weitere Entwicklung von genauer ausdifferenzierten Lernzielen vor.

**Grobziele** sind schon wesentlich stärker ausgearbeitet. Sie beschreiben einen genaueren Wegverlauf und dienen damit als Grundlage für konkrete Lehrpläne, Curricula und Unterrichtseinheiten.

**Feinziele** beschreiben genau das endgültige, erwünschte Verhalten der SuS in Bezug auf die zu vermittelnden Lehrinhalte. Feinziele geben, wie bei einer Wegbeschreibung, genaue Wegmarken, Abbiegungen und Straßenverläufe an. Sie werden bei der Erstellung eines Unterrichtskonzeptes nicht nur auf die einzelnen Stunden/Veranstaltungen, sondern auch auf einzelne Unterrichtsabschnitte bezogen. (Martial 2002, 239)

Lernziele lassen sich in drei große Arten unterteilen (vgl. hierzu auch Martial 2002, 234-238):

**1. Kognitive Lernziele**

Kognitive Lernziele beschreiben intellektuelle Fähigkeiten, zählen auf, welches Wissen erworben werden soll und geben einen Ausblick auf die gewünschten Schlussfolgerungen, die aus dem neu erworbenen Wissen gezogen werden sollen.

Die Schwierigkeitsstufen lassen sich von „einfach“ bis „komplex“ unterteilen. Die einzelnen Stufen bilden dabei immer komplexer werdende analytische Denkprozesse ab. Ein solches kognitives Lernziel könnte die Recherche im Katalog der Bibliothek sein. Dann stellen sich die sechs Stufen wie folgt dar:

- Stufe 1: Kenntnis = Die SuS wissen, dass es einen Katalog (eine Datenbank o. ä.) gibt, in dem alle Medien der Bibliothek verzeichnet sind.

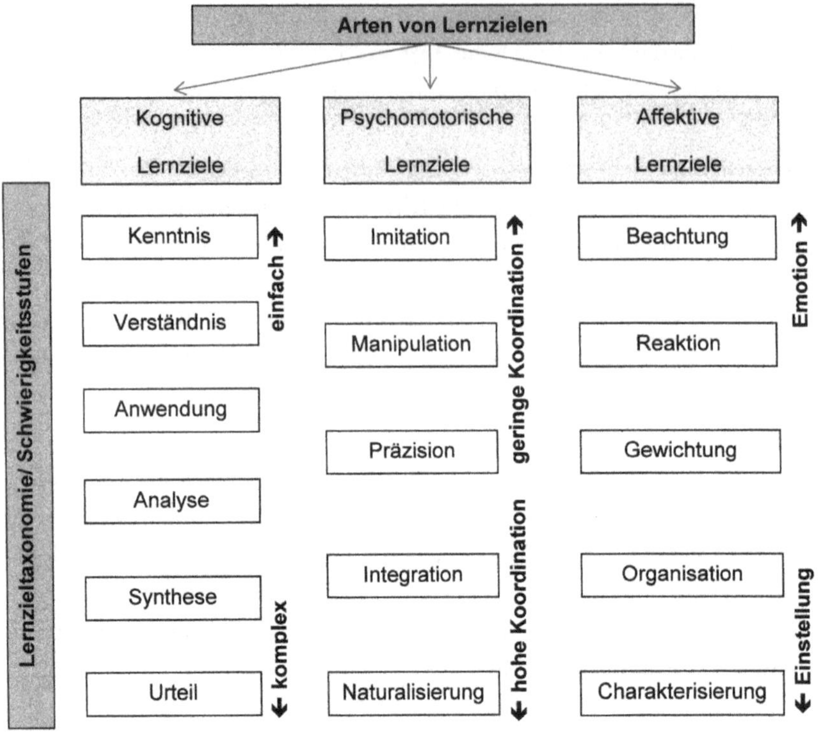


Abbildung 9: Lernzielarten und Taxonomien/Schwierigkeitsstufen nach Martial

- Stufe 2: Verständnis = Die SuS haben verstanden, wie dieser Katalog (o. ä.) bedient werden kann.
- Stufe 3: Anwendung = Die SuS können im Katalog (o. ä.) nach den von ihnen gesuchten Titeln recherchieren.
- Stufe 4: Analyse = Die SuS können die Trefferliste analysieren und mit den erwarteten Ergebnissen vergleichen.
- Stufe 5: Synthese = Die SuS können eine logische Verbindung zwischen den Trefferlisten und ihrer Recherche (z. B. durch Verwendung von Booleschen Operatoren usw.) herstellen.
- Stufe 6: Urteil = Die SuS können beurteilen, wie ihre Trefferliste zustande kam und können sehen, welche Verbesserungen sie in der Recherche noch vornehmen können.

Für die Vermittlung von bibliothekspädagogischen Lehrinhalten sind meistens die kognitiven Lernziele heranzuziehen, die daher hier etwas ausführlicher beschrieben worden sind.

**2. Psychomotorische Lernziele**
Psychomotorische Lernziele beziehen sich vor allem auf die Ausübung körperlicher Aktivitäten oder die Benutzung von Gegenständen. Die einzelnen Schwierigkeitsstufen reichen von „geringer Koordination“ bis zu „hoher Koordination“. Am anschaulichsten lassen sich diese Stufen am Beispiel des Erlernens eines Instrumentes erkennen.

**3. Affektive Lernziele**
Lernziele aus dem affektiven Bereich beziehen sich auf Gefühle, Wertvorstellungen, Einstellungen und (positive bzw. negative) Bewertungen.

Die Lernzieltaxonomie bewegt sich zwischen „Emotionen“ auf der einen Seite und fest verankerten „Einstellungen“ auf der anderen. Bibliothekspädagogische Angebote wollen die Einstellungen der SuS zur Bibliothek, ihren Angeboten und der Nutzung erreichen und positive Werte vermitteln.

Wie werden Lernziele konkret beschrieben? Ein Lernziel besteht aus verschiedenen Elementen: Dem Lehrinhalt und der Beschreibung des auf diesen Inhalt bezogenen Verhaltens. Dabei soll das Verhalten eindeutig und in aktiver Form beschrieben werden. Es soll das Ergebnis, das am Ende erwartet wird, genau beschrieben werden. Nur so kann die Erreichung des Lernzieles am Ende auch überprüft werden. (Martial 2002, 244)

PRAXISAUFGABE
Wählen Sie aus Ihren bibliothekspädagogischen Angeboten einen Lehrinhalt aus und stellen Sie für diesen eine Liste mit Lernzielen auf. Nutzen Sie dafür die folgende Tabelle. Sie erleichtert Ihnen die Zuordnung der einzelnen Lernziele zu den verschiedenen Schwierigkeitsstufen und gibt Ihnen Anregungen für aktive Formulierungen. Spielen Sie ruhig mit einem Lehrinhalt alle verschiedenen Schwierigkeitsstufen einmal durch. So können Sie erkennen, wie sich das Verhältnis zum Lehrgegenstand mit komplexer werdenden Erwartungen verändert.

| Kognitive Tätigkeiten | Formulierungen (Beispiele) | Lernziele der Veranstaltung |
|---|---|---|
| Kennen | nennen<br>wiedergeben<br>aufzählen<br>reproduzieren<br>... | |
| Verstehen | erklären, erläutern, erörtern<br>beschreiben<br>interpretieren<br>übersetzen<br>... | |
| Anwenden | lösen<br>durchführen<br>gebrauchen<br>berechnen<br>anwenden<br>... | |
| Analysieren | ableiten<br>analysieren<br>unterscheiden<br>gliedern<br>vergleichen<br>bestimmen<br>zuordnen<br>... | |
| Synthetisieren | entwerfen<br>kombinieren<br>entwickeln<br>erfassen<br>konstruieren<br>planen, erarbeiten<br>... | |
| Urteilen | bewerten, beurteilen<br>bemessen<br>entscheiden<br>auswählen<br>... | |

Abbildung 10: Praxisaufgabe Lernziele formulieren

## 4.6 Zielgruppenanalyse

**LERNZIELE**

- Sie stellen Informationen zu Ihrer Zielgruppe zusammen
- Sie können Ihre Angebote gezielt auf die Bedürfnisse und Voraussetzungen Ihrer Zielgruppe abstimmen.

Wenn Sie einen engen Kontakt zu den Kindern und Jugendlichen in Ihrer Stadt oder Gemeinde haben, haben Sie auch ein konkretes Bild vor Augen, wie diese so „drauf“ sind. Aber wo können Sie sich informieren über diejenigen, die Sie nicht kennen und die (noch) nicht in Ihre Bibliothek kommen?

Quellen für Informationen über Ihre Zielgruppe können sein:

- Auskünfte und Gespräche mit den Lehrkräften, Eltern, Jugendhilfe usw.
- eigene Anschauung bzw. eigene Erfahrungen mit den SuS,
- Studien (KIM, JIM, Mini-KIM usw.), die die Zielgruppe, ihre Ansichten und Motivationen genauer untersuchen.

**LITERATURTIPP**

Aus der Vielzahl von Studien habe ich hier einige herausgegriffen, die eine vertiefende Lektüre lohnen:

- PISA-Studien:
  http://www.oecd.org/berlin/publikationen/pisa-2012-ergebnisse.htm
  Internationale Schulleistungsstudie der OECD – Untersucht werden bei 15-jährigen SuS neben Leistung, Lernmotivation und Selbsteinschätzung vor allem auch die Fähigkeiten, Wissen in der Praxis umzusetzen.
- KIM, JIM, Mini-KIM:
  http://www.mpfs.de/startseite/
  Der Medienpädagogische Forschungsverbund Südwest gibt regelmäßig diese Basisuntersuchungen zum Mediennutzungsverhalten von Kindern und Jugendlichen heraus.
  KIM (Kinder + Medien, Computer + Internet): 6-13 Jahre
  JIM (Jugend, Information, (Multi-)Media): 12-19 Jahre
  Mini-KIM (Kleinkinder und Medien): 2-5 Jahre

- Studie Bildungstrend 2015 des Instituts zur Qualitätsentwicklung im Bildungswesen (IQB):
  Die deutsche Entsprechung zur internationalen PISA-Studie ist die erste Studie aus der zweiten Runde der Überprüfung der Erreichung der Bildungsstandards.
  https://www.iqb.hu-berlin.de/bt/BT2015/Bericht
- Horizon-Report:
  https://www.mmkh.de/newsmaterial/materialdownloads.html
  Der Horizon-Report stellt jedes Jahr neue technologische Entwicklungen vor und bewertet diese auf ihre erfolgreiche Verbreitung und Einsetzbarkeit. Ergänzend werden die sechs stärksten Schlüsseltrends untersucht, die die Einführung der Technologien vorantreiben, sowie die sechs größten Herausforderungen, die diese blockieren könnten.
- Shell-Studie:
  http://www.shell.de/ueber-uns/die-shell-jugendstudie.html
  Die Shell-Studie untersucht die politischen und sozialen Bedingungen, unter denen Jugendliche heute aufwachsen. Sie geben Einblick in die Lebenswelten der Jugendlichen und zeigen auf, wie sich diese von denen früherer Generationen unterscheiden.

**PRAXISAUFGABE**

Stellen Sie Informationen zu der Zielgruppe zusammen, für die Sie ein Konzept erstellen möchten. Ziehen Sie dabei auch weitere Quellen und Studien zu Rate.

Die obige Tabelle hilft Ihnen, keine der wichtigen Fragen zu übersehen. Sie können diese als Vorlage nutzen.

| (vermutete) Vorkenntnisse | |
|---|---|
| (vermutete) Einstellungen zum Thema der Veranstaltung | |
| (vermutete) Erwartungen an die Veranstaltung | |
| (vermuteter) Motivationsgrund | |
| Zusammensetzung der Gruppe | |
| Temperament der Gruppe | |

Abbildung 11: Praxisaufgabe Zielgruppenanalyse

## 4.7 Didaktische Reduktion

**LERNZIELE**

- Sie werden sich bewusst, welche Lehrinhalte Ihnen am Wichtigsten sind.
- Sie kennen Filtermöglichkeiten, die Ihnen bei der Priorisierung der Lerninhalte helfen.
- Sie können entscheiden, welche Lehrinhalte Sie weglassen oder auf einen späteren Zeitpunkt verschieben werden.

Aus Sicht der Bibliotheken gibt es sehr viele Inhalte, von denen wir der Meinung sind, dass sie SuS vermittelt werden sollen. Die Freude ist groß, wenn eine Klasse den Weg in die Bücherei gefunden hat und nun bereit ist, alle unsere Informationen aufzunehmen. Gerne erzählen wir alles, was mit Bibliotheksnutzung, Recherche und der Welt der Bücher und anderen Medien zu tun hat. Schließlich kommen die SuS ja so selten in die Bibliothek und müssen dann alles auf einmal lernen – denken viele.

Richtig? Leider nicht. Von den vielen gut gemeinten Informationen werden die meisten in der Flut des Neuen oder Unbekannten untergehen. Die SuS werden sich später nicht mehr an so viele Details erinnern. Sinnvoller ist es, sich auf wenige Inhalte zu beschränken und diese dann so zu vermitteln, dass diese bei den SuS hängen bleiben.

Dieses Reduzieren von Inhalten ist sicher eine der schwierigsten und gleichzeitig wichtigsten Aufgaben bei der Vorbereitung eines bibliothekspädagogischen Konzeptes. Sie können nicht alle Inhalte vermitteln. Sie müssen sich auf die wesentlichsten Teile reduzieren. Hilfreich ist, bei der Reduzierung nach einem festgelegten Verfahren vorzugehen. Dieses können Sie dann bei Nachfrage präsentieren und darauf verweisen. Das macht Ihre Angebote als Bildungspartnerin transparenter und nachvollziehbarer – nicht nur für Lehrkräfte, sondern auch für die VertreterInnen der Stadt oder Gemeinde.

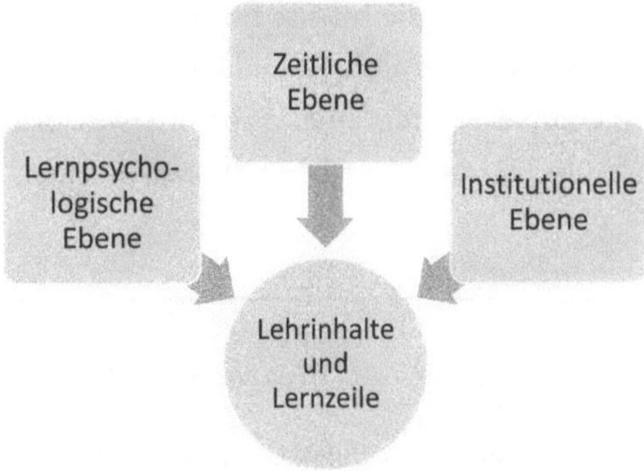


Abbildung 12: Faktoren, die auf Lehrinhalte wirken

Da klar ist, dass nicht genügend Zeit zur Verfügung steht, alle Inhalte zu vermitteln, muss man sich auch auf die Inhalte konzentrieren, die den SuS später helfen, sich weitere Inhalte selbst zu erarbeiten. Bei den bibliothekspädagogischen Schulungen werden die Grundlagen an Kenntnissen und Kompetenzen gelegt, die es den SuS ermöglichen, die Bibliothek in ihren Detailangeboten selbst zu entdecken und herauszufinden, wie die weiteren Angebote genutzt werden. Ziel Ihrer Veranstaltungen sollte es sein, die SuS soweit fit zu machen, dass sie Methoden und Kompetenzen erlernen und dann in der Lage sind, mit Hilfe dieser Methoden und Kompetenzen selbstständig weiter zu recherchieren.

Gerade Ihre umfassenden Kenntnisse über die Nutzung der Bibliothek und zur Vielfalt der Recherchemöglichkeiten sind hilfreich, um im Sinne der SuS zu entscheiden, was wirklich wichtig ist und was nicht. Nur durch Ihre eigene Übersicht über die Materie haben Sie die Möglichkeit den Kern der Lehrinhalte festzulegen und aus der Fülle der Inhalte das gezielt auszuwählen, dass den SuS vermittelt werden soll. Dabei ist es sinnvoll, sich zu überlegen, ob Sie z. B. einzelne Aspekte des „Großen Ganzen“ herausgreifen möchten, um einen Überblick zu geben. Oder ob Sie anhand eines Beispiels ein Thema ausführlicher – quasi stellvertretend – für andere Themen vermitteln möchten.

„Es gilt also, den umfangreichen und differenzierten Bestand an Wissen für Lehr- und Lernzwecke aufzubereiten. Dies ist die Aufgabe der *didaktischen Re-*

*duktion*: die Komplexität so zu reduzieren, dass die Inhalte für die Lernenden fasslich und verarbeitbar werden. Oder anders formuliert: Didaktische Reduktion umschreibt die Rückführung komplexer Sachverhalte auf ihre wesentlichen Elemente, um sie für Lernende überschaubar und begreifbar zu machen." (Lehner 2013, 21)

**Literaturtipp**

Lehner, Martin (2013): Viel Stoff – wenig Zeit. Wege aus der Vollständigkeitsfalle. 4. Aufl. Bern: Haupt Verlag.

Besonders die „Toolbox der Reduktion" ist für die praktische Arbeit hilfreich. Mit ganz praktischen Aufgaben hilft sie beim Strukturieren, Priorisieren und Bewerten von Aufgaben und Lehrinhalten.

Stellen Sie sich den Vorgang des Reduzierens vor, wie bei einem Filter. Sie lassen oben in den Filter alle Inhalte und Informationen einfließen, die Ihnen einfallen und die Sie für wichtig halten. Setzen Sie als ersten Filter die Ihnen für die Vermittlung zur Verfügung stehende Zeit an: Haben Sie 15 Minuten, 1 Stunde oder mehr Zeit?

Dann nutzen Sie die verschiedenen Filterstufen z. B. „Zielgruppe" und „Lernziele", die Sie in den vorigen Kapiteln schon kennen gelernt haben. Lassen Sie jeden Inhalt durch alle Filter passieren. Die Inhalte, die bei diesen Filtern nicht oder nur mit Zweifeln bestehen bleiben, streichen Sie heraus. Übrig bleibt das, was Sie realistisch in einer Klassenführung oder in einem Recherchetraining vermitteln können.

Sie können die SuS lieber zu mehreren aufeinander folgenden Terminen in die Bibliothek einladen und dann verschiedene Veranstaltungen anbieten, die aufeinander aufbauen. Aber überfrachten Sie die einzelnen Termine nicht. Ändern Sie Ihre Blickrichtung: Weg von der Idee, möglichst viele Inhalte in kurzer Zeit zu vermitteln. Hin zu einer output-orientierten Schulung, die vor allem die Kompetenzen und Fähigkeiten der SuS in den Fokus nimmt, die nach der Veranstaltung verlässlich erworben sein sollen. Weniger ist hier mehr.

In den didaktischen Filter fließen die Überlegungen ein, die Sie sich bereits zu den Lehrinhalten, zu den Lernzielen und zur Zielgruppe gemacht haben.

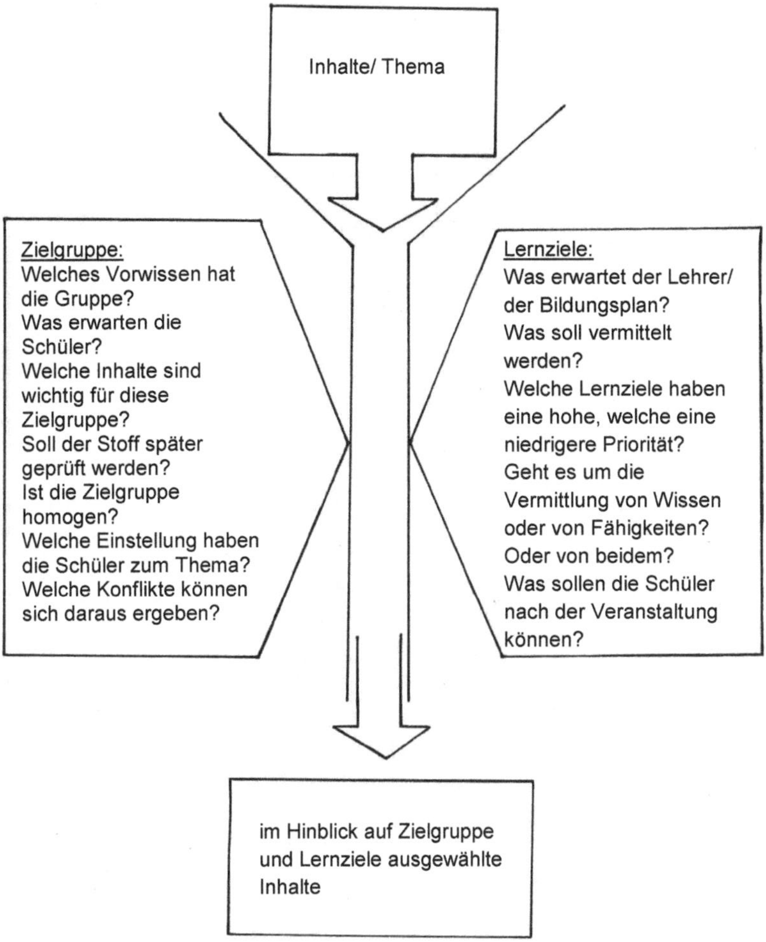


Abbildung 13: Didaktischer Filter mit Erläuterungen

**PRAXISAUFGABE**

Nutzen Sie den folgenden leeren didaktischen Filter, um sich über die Lehrinhalte Gedanken zu machen, die Sie in Ihrer nächsten Veranstaltung vermitteln möchten. Stellen Sie eine konkrete Gruppe von SuS und ein konkretes Thema vor, für das Sie eine didaktische Reduzierung durchführen. Greifen Sie dabei auf die Überlegungen aus den vorigen Kapiteln zu Lehrinhalten und Lernzielen und zur Zielgruppenanalyse zurück.

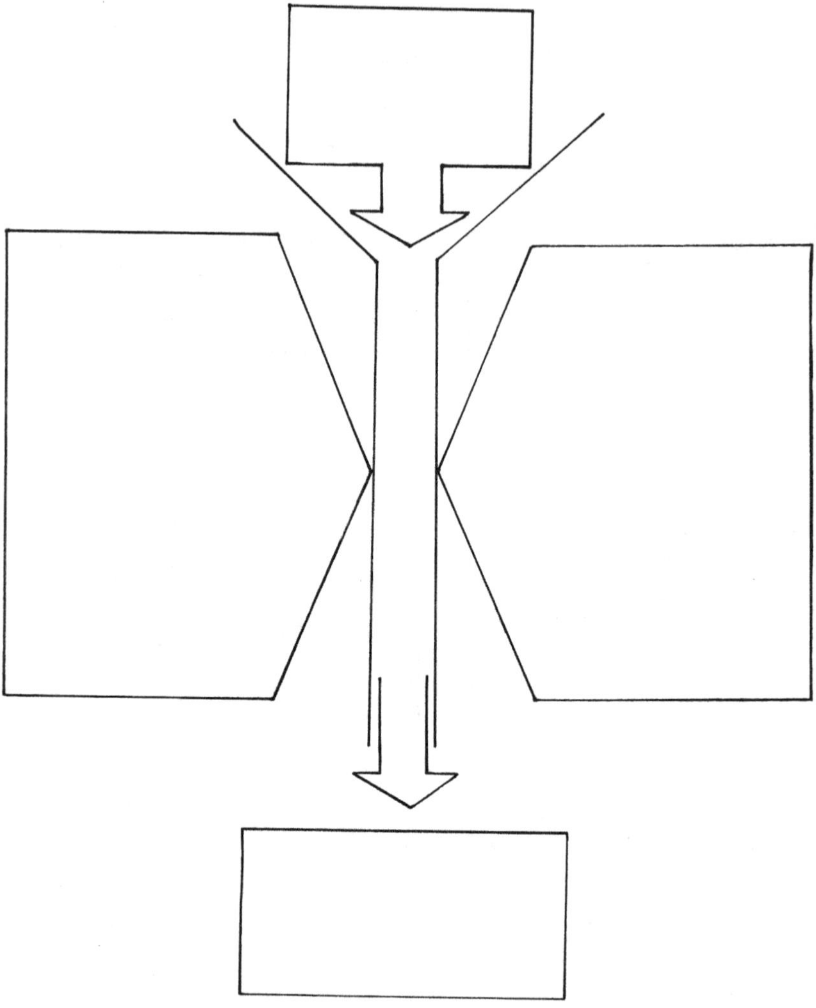

Abbildung 14: Praxisaufgabe didaktischer Filter

# Teil 2

# 5. Die pädagogische Praxis

LERNZIELE

- Sie können bibliothekspädagogische Veranstaltungskonzepte entwerfen, auf die Zielgruppe zuschneiden, mit Methoden und Tools umsetzen und strukturiert planen und durchführen.

Nach den eher theoretischen Überlegungen zu den bibliothekspädagogischen Angeboten der Bibliothek geht es im zweiten Teil nun konkret um einzelne Veranstaltungskonzepte. Ziel ist es, die bisher gelernten theoretischen pädagogischen und didaktischen Überlegungen auf Ihre eigenen Konzepte zu übertragen. Die Planung von Veranstaltungen, die im Gesamtkonzept der Bibliothek verankert werden sollen, sollte ausführlich und strukturiert erfolgen. Diese Veranstaltungen können – mit leichten Veränderungen und Aktualisierungen – über einen längeren Zeitraum immer wieder für neue Schulklassen eingesetzt werden. So sparen Sie sich Arbeit und Zeit. Der Aufwand, der in die Entwicklung solcher Konzepte gesteckt wird, wird dann bei der wiederholten Durchführung der Konzepte, Recherchetrainings oder Veranstaltungen belohnt.

Zusätzlich stellen Sie die Bibliothek als über die Jahre zuverlässige Partnerin für die Schulen dar. Die Lehrkräfte können sich auf die Angebote einstellen, sie in ihr Unterrichtsgeschehen und den Rhythmus des Schuljahres einplanen.

Sie können eine zusammengefasste und layouttechnisch aufbereitete Darstellung Ihrer nun folgenden Überlegungen auch als Grundlage für schriftliche Informationen (Flyer, Broschüren usw.) nehmen, die den Lehrkräften Ihre Angebote im Rahmen des Spiralcurriculums nahebringen.

## 5.1 Merkmale guter Lehrveranstaltungen

**LERNZIELE**

- Sie lernen die 10 wichtigsten Merkmale für gute Lehrveranstaltungen kennen und können diese auf Ihre bibliothekspädagogischen Angebote anwenden.

Was macht guten Unterricht aus? Hilbert Meyer hat 10 Merkmale aufgestellt, die zeigen, wie guter Unterricht aussehen kann. Diese Merkmale basieren auf empirischen Forschungen und theoretisch begründeten Gütekriterien. (Meyer 2014, 17-18)

Viele Gedanken aus diesen 10 Merkmalen sind für die bibliothekspädagogische Arbeit sehr hilfreich und geben gute Tipps und Hinweise, wie Bibliotheken ihre Veranstaltungen aufbauen und planen können.

1. Klare Strukturierung der bibliothekspädagogischen Veranstaltung

Unterricht sollte innerlich und äußerlich klar strukturiert sein. Sowohl das Unterrichtsmanagement (Organisation in der Stunde, Materialien, Ablauf usw.) als auch die methodisch-didaktische Strukturierung (Auswahl der Methoden, Ablauf der Stunde usw.) sollten gut überlegt und schlüssig aufgebaut sein. Idealer Weise durchläuft ein roter Faden die ganze Veranstaltung, der zeigt, dass Ziele, Inhalte und die ausgewählten Methoden miteinander im Einklang stehen und sich gegenseitig befördern. Die methodische Linienführung des Unterrichts sollte folgerichtig sein, das heißt: die einzelnen Schritte des Unterrichts sollen eine sinnvolle Reihenfolge ergeben, aufeinander aufbauen, bzw. einem roten Faden folgen.

Hilfreich für die Planungen pädagogischer Veranstaltungen sind genaue Vorüberlegungen und die Visualisierung eines idealen Unterrichtsszenarios. Bei der Planung bieten Planungsraster (siehe Kapitel 5.5 Planungsraster) dazu eine gute Grundlage. Sie gewähren einen Überblick und ermöglichen, an einem vorab durchgespielten Ablauf (mit Berücksichtigung eventueller Varianten) die Schlüssigkeit und Stringenz des Unterrichts zu überprüfen.

2. Hoher Anteil echter Lernzeit

Echte Lernzeit ist nicht die im Unterricht überhaupt verbrachte Zeit, sondern die vom SuS tatsächlich aufgewendete Zeit. Eine reine Anwesenheit ist keine genutzte Lernzeit.

Echte Lernzeit bleibt übrig, wenn die zeitfressenden Faktoren abgezogen worden sind. Das lässt sich in eine plausible Formel bringen:

echte Lernzeit = Unterrichtszeit minus „Sonstiges"
(Sonstiges = Verspätungen, Organisationskram, Störungen, mangelnde Vorbereitung, Abschweifungen, Tests oder Leistungskontrollen, usw.)

Echte Lernzeit muss dabei nicht unbedingt gleichbedeutend mit Schüleraktivität sein – auch eine lehreraktive Unterrichtsphase (z. B. Vortrag) ist Lernzeit.

3. Lernförderliches Klima

In einem positiven, wohlwollenden und annehmenden Klima sind die Lernerfolge deutlich besser. Ein solches Klima kann erreicht werden durch

- gegenseitigen Respekt,
- klar aufgestellte und von beiden Seiten verlässlich eingehaltene Regeln,
- Verantwortungsbewusstsein sowohl bei den Lehrkräften, als auch bei den SuS,
- gerechtes Verhalten der Lehrkraft den SuS gegenüber (keine Bevorzugungen, gerecht verteilte Aufmerksamkeit, Wahrhaftigkeit und Authentizität der Lehrkraft) und
- einer wohlwollenden, fürsorglichen Haltung der Lehrkraft gegenüber den SuS.

4. Inhaltliche Klarheit

Der inhaltlichen Klarheit geht eine genaue Analyse des Lernprozesses voraus. Es geht nicht nur um die sachlichen Inhalte (die Richtigkeit der Inhalte ist Voraussetzung), sondern auch darum, welche Handlungsschritte die SuS durchlaufen müssen, um zum Lernerfolg zu gelangen und welche Methoden für die einzelnen Handlungsschritte die passenden sind. So ergibt sich ein plausibler Unterrichtsablauf, in dem die Aufgaben klar gestellt und im Unterricht umgesetzt werden können. Bei der Ergebnissicherung kann dann überprüft werden, ob die zu Beginn vorgestellten Ziele erreicht und ob alle Fragen der SuS zufriedenstellend beantwortet worden sind.

5. Sinnstiftendes Kommunizieren

Die Kommunikation zwischen Lehrkraft und SuS hat einen wesentlichen Einfluss darauf, ob die SuS den Unterricht als sinnvoll erleben oder nicht. Ziel sollte es sein, das die SuS selbst erkennen, dass die vermittelten Inhalte, Kenntnisse und Fähigkeiten für ihre Weiterentwicklung wichtig und hilfreich sind. Sie sollten interessiert (oder auch neugierig) dem Unterrichtsgeschehen gegenüber sein und mit der Lehrkraft in einen fruchtbaren Dialog treten.

Durch verschiedene Bausteine können eine solche Sinnstiftung und innere, interessierte Beteiligung der SuS befördert werden. Die Beteiligung der SuS an der Gestaltung des Unterrichts und die Mitbestimmung in der Planung tragen zu einer erhöhten Verantwortungsbereitschaft und Mitarbeit bei. In Gesprächen mit den SuS kann die Lehrkraft transparent machen, wie die Ziele, Inhalte und Methoden ineinander greifen und wie sich der Unterrichtsablauf zusammensetzt. Auch eine fundierte Feedbackkultur gehört zu diesen Bausteinen. Feedback sollte auch immer mal zwischendurch bzw. am Ende jeder Veranstaltung eingeholt bzw. gegeben werden. So können bei mehrteiligen Veranstaltungen noch innerhalb der Veranstaltungsreihe Korrekturen und Anpassungen vorgenommen werden. Nutzen Sie das Feedback, um besser zu werden.

6. Methodenvielfalt

Bei Methodenvielfalt denken viele zuerst an ganz konkrete Bausteine, die im Unterricht eingesetzt werden können. Methodenvielfalt sollte aber in einem größeren Zusammenhang betrachtet werden. Das führt zu ganz grundlegenden Überlegungen, die bei der Unterrichtsplanung wichtig und hilfreich sein können (siehe hierzu 4.2 Von der Makro- zur Mikro-Didaktik).

Insgesamt lässt sich sagen, dass offener, aktivierender Unterricht besser zur Vermittlung von Methoden- und Sozialkompetenzen passt, Vorträge besser für die Wissensvermittlung geeignet sind. Daraus folgt für bibliothekspädagogische Angebote: Wir wollen hauptsächlich Methodenwissen vermitteln, also sollten offene Unterrichtsformen bevorzugt werden!

7. Individuelles Fördern

SuS sind alle verschieden: Sie haben verschiedene Voraussetzungen, unterschiedliches Vorwissen, unterschiedliche Auffassungsgabe, ungleich verteilte Start- und Förderbedingungen (z. B. im Elternhaus) usw. Der Idealfall ist natürlich, jedem Kind und jedem Jugendlichen die optimale individuelle Förderung zukommen lassen zu können. In den Schulen wird von den Lehrkräften erwartet, dass sie diese Unterschiede innerhalb der normalen Unterrichtszeit (im binnendifferenzierten Unterricht) auffangen. Inklusion (Einbeziehung von Kindern mit besonderen Ansprüchen durch Behinderung) ist ebenso ein großes Thema, wie die Förderung Hochbegabter oder die Unterstützung schwächerer SuS.

Aber diese individuelle Förderung erfordert viel Zeit, viel Geduld und viel Erfahrung. In einer Gruppenveranstaltung, bei der die Klasse nur wenige Male in die Bibliothek kommt, wird eine individuelle Ansprache jedes einzelnen Kindes schwierig sein. Einzelberatungen könnten dagegen außerhalb des Klassenverbandes während der normalen Öffnungszeiten der Bibliothek (z. B. in Sprechstunden zur Literaturrecherche für die Hausarbeit) angeboten werden.

8. Intelligentes Üben

Guter Unterricht zeichnet sich auch durch Phasen aus, in denen geübt werden kann, was erlernt werden soll. Vor allem für das Üben von Lesekompetenz oder die Entwicklung von Methodenkompetenz sind die richtigen Lernstrategien wichtig. Es ist ebenso Aufgabe der Lehrkraft, die Inhalte zu vermitteln, wie auch Wege aufzuzeigen wie „richtig“ geübt werden kann. Übungsaufgaben sollten genau zum Lerninhalt passen und auf die SuS hin zugeschnitten sein. Dies wird beispielsweise bei der Vermittlung von Recherchekompetenzen besonders deutlich, wenn die Suchaufgaben gezielt für die SuS ausgewählt werden.

9. Transparente Leistungserwartungen

Die Leistungserwartungen sollten an den Curricula und Bildungsplänen orientiert sein. Teilen Sie den SuS ruhig zu Beginn mit, was die Lernziele sind, und welche Erwartungen Sie an die Mitarbeit und an die Leistungen der SuS haben. Machen Sie auch Bewertungsmaßstäbe deutlich und stellen Sie immer wieder Bezüge zur Lernrealität der SuS her. Weisen Sie z.B. darauf hin, dass Recherchekompetenz für spätere Referate und Haus- oder Facharbeiten benötigt wird und damit einen direkten Einfluss auf die schulischen Leistungen haben. Geben Sie den SuS zeitnah, direkt und individuell Rückmeldung.

10. Vorbereitete Umgebung

Auch wenn die Forschungslage dazu eher mager ist, eine gelungene Unterrichtsstunde oder Veranstaltung steht und fällt mit einer guten Vorbereitung. Das gilt auch für den Raum. Eine durchdachte Ordnung und ein guter Gesamteindruck sind wichtig. Sorgen Sie dafür, dass alle Unterlagen, Materialien und Lerngegenstände da sind, wo sie benötigt werden – sowohl von Ihnen als auch von den SuS. Durchdenken Sie die Raumregie – welche Tätigkeiten werden an welchen Plätzen gemacht, wie werden die Ortswechsel begleitet und welche Plätze sind Ihnen und welche den SuS vorbehalten.

Eine gute Lernumgebung ist insgesamt förderlich für ein konzentriertes und erfolgreiches Lernen. Die Lernumgebung soll inspirieren und motivieren. Eine hohe Aufenthaltsqualität macht Lust, sich mit den Dingen, Inhalten oder Materialien zu beschäftigen.

**Literaturtipp**

Meyer, Hilbert: Was ist guter Unterricht? – Berlin: Cornelsen Scriptor, 2010. – 978-3-589-22047-2

## 5.2 Didaktisches „Verpacken"

LERNZIELE

- Sie kennen die einzelnen Bausteine, die Sie für die konkrete Unterrichtsplanung benötigen.
- Sie können einen schlüssigen und gut durchdachten Unterrichtsablauf in mehreren Schritten planen.

Beim didaktischen Verpacken soll es nun darum gehen, die einzelnen Bausteine (Lehrinhalte, Lernziele, Zielgruppe) so miteinander zu verknüpfen, dass ein in sich stimmiges, rundes didaktisches Konzept für eine Lehrveranstaltung entsteht.

Die einzelnen Bausteine sind:
- Lehrinhalte,
- Lernziele,
- Informationen über die Zielgruppe,
- konkrete Handlungs- und Planungsideen,
- Methoden,
- der zur Verfügung stehende zeitliche Rahmen und
- der reale Lernort.

Auf der einen Seite haben Sie nun die Lehrinhalte, die Sie vermitteln möchten und die Lernziele, die erreicht werden sollen. Auf der anderen Seite sehen Sie den Lernbedarf der SuS. Die wichtigste didaktische Handlung ist nun, beides zusammen zu bringen. Und zwar so, dass die SuS dabei aktiviert werden und mit Motivation bei der Sache sind. Im günstigsten Fall erkennen die SuS den eigenen Nutzen dessen, was Sie vermitteln möchten und wandeln die Aktivierung von außen in eine Motivation aus sich selbst heraus um (intrinsische Motivierung).

Neben der Auswahl der dazu passenden Methoden (mehr dazu in Kapitel 6. Tools und Methoden) spielt die Einbindung der Erfahrungswelt der SuS eine große Rolle. Bereits bei den Gesprächen in der Vorbereitung wird bei der Lehrkraft erfragt, welches Vorwissen die SuS mitbringen:
- Haben die SuS bereits bibliothekspädagogische Angebote in Anspruch genommen?
- Wenn ja, welche?
- Welche Inhalte hat die Lehrkraft bereits im Unterricht vermittelt?
- Welche Fragestellungen bringen die SuS aus dem Unterrichtsgeschehen mit in die Bibliothek?

Das Abfragen von Vorwissen kann aber auch als Element direkt in das Konzept eingebunden werden. So können die SuS neu erworbenes Wissen an bereits Bekanntes anknüpfen und miteinander verbinden. Einzelne Lern- oder Wissensinseln werden nach und nach zu einer „Wissenslandkarte", auf der die SuS kompetent navigieren und die einzelnen Inhalte festigen können.

Beginnen Sie mit Ihren Überlegungen in der Makrodidaktik:

- Welche Lehrform möchten Sie wählen?
- Welche Lehrform passt zu den Inhalten und zu den SuS?
- In welcher Lehrform sind Sie selbst am ehesten zu Hause?

Planen Sie dann die einzelnen Veranstaltung(en) (Mesoebene).

- Ziele, Inhalte und Methoden bedingen sich gegenseitig.
- Müssen ggf. noch Inhalte reduziert oder vereinfacht werden?
- Zu welchen Inhalten passen welche Methoden am besten?
- Müssen die Inhalte in noch kleinere Päckchen aufgeteilt werden, um sie in einzelnen Schritten vermitteln zu können?
- Sind die Methoden den SuS vertraut oder wagen Sie sich auf Neuland?

Spielen Sie ruhig verschiedene Möglichkeiten und Kombinationen in Gedanken durch und entscheiden Sie sich dann für die Kombination aus Inhalt – Ziel – Methode, die Ihnen am schlüssigsten erscheint und mit der Sie sich am wohlsten fühlen. Wenn Sie mehr Erfahrungen und erstes Feedback der SuS gesammelt haben, können Sie auch neue Methoden ausprobieren und neue Wege gehen. Für den Anfang sollten Sie sich in Ihrer Rolle als Lehrkraft aber sicher fühlen.

Danach erst können Sie an die Feinplanung gehen und die einzelnen Unterrichtsschritte ausarbeiten (Mikroebene). Dabei ist darauf zu achten, dass die einzelnen Schritte eine schlüssige Reihenfolge ergeben und aufeinander aufbauen. Sie müssen die Abläufe präzise und konkret durchspielen, um vorausschauen zu können, ob die Lernziele von den SuS auch erreicht werden können. Erstellen Sie vorab alle notwendigen Materialien, Arbeitsblätter und benötigten Utensilien.

**PRAXISAUFGABE**

Machen Sie nun erste Skizzen für die Veranstaltung, die Sie sich ausgesucht haben und entwerfen Sie eine erste „Verpackung" für Ihre Lehrinhalte.

## 5.3 Phasen im Unterricht: klassischer 3-Schritt

**LERNZIELE**
- Sie lernen den klassischen 3-Schritt (Einstieg – Arbeitsphase – Ergebnissicherung) näher kennen.
- Sie berücksichtigen den 3-Schritt in Ihren Konzepten und planen Ihre Lehrangebote entsprechend.

Eigentlich ist die Unterteilung des Unterrichts in 3 Phasen ein Klassiker: Einleitung – Hauptteil – Schluss. Oder bezogen auf den Unterricht: Einstieg/Warm Up – Arbeitsphase – Ergebnissicherung.

Zur Entwicklung didaktisch fundierter Lehrveranstaltungen gehört, sich mit den didaktischen Funktionen dieser drei Schritte auseinander zusetzen und sie bei der Planung von bibliothekspädagogischen Angeboten umzusetzen. (Mehr dazu auch bei Meyer 2003, 121-150.)

| **Lernen:** | Anfangspunkt | Verlauf | Endpunkt |
|---|---|---|---|
| **Lehren:** | Einstieg/Warm Up | Arbeitsphase | Ergebnissicherung |
| **didaktische Funktionen der Schritte:** | ermitteln<br>aktivieren<br>orientieren<br>motivieren<br>legitimieren | bereitstellen<br>anregen<br>unterstützen<br>fördern<br>lenken | abschließen<br>überprüfen<br>rückmelden<br>sichern<br>bewerten<br>öffnen |

Abbildung 15: Klassischer 3-Schritt

### Einstieg/Warm Up

Der Einstieg soll die SuS für das Thema aufwärmen (Warm Up). Im günstigen Falle kann man im Einstieg auf das bereits vorhandene Vorwissen zurückgreifen oder dieses bei den SuS abfragen. Zu Beginn bietet es sich an, einen Überblick über die vor den SuS liegende Lehrveranstaltung und die damit verbundenen Lernziele zu geben. Sie werden damit neugierig gemacht auf den weiteren Verlauf und das neue Thema wird in einen Gesamtzusammenhang eingeordnet. Das regt die Bereitschaft der SuS an, mitzuarbeiten und sich aktiv am Unterrichtsgeschehen zu beteiligen. Wenn die SuS zu einer Veranstaltung in die Bibliothek kommen, gehört zum Einstieg auch, in Ruhe anzukommen und sich in der Bibliothek zu orientieren. Erst nach dieser ersten Phase der Unruhe können sich die SuS auf die neue Situation einstellen und ruhig genug werden, um der Veranstaltung zu folgen. Erst dann können sie alles, was vorher geschehen ist (Erlebnisse, Stimmungen, usw.) loslassen und sich der Veranstaltung in der Bibliothek zuwenden. Nach der eigenen Vorstellung kann man dann in das Thema „einsteigen".

**Arbeitsphase**

Die Arbeitsphase ist die wichtigste Phase zur Erreichung der gesteckten Lernziele. Auf verschiedenen Ebenen erfüllt sie verschiedene didaktische Funktionen. Zum einen dient sie der Vermittlung der Informationen und Sachinhalte, die als Lehrinhalte eingeplant worden sind. Zum anderen soll sie den SuS ermöglichen, Handlungs- und Vorgehensweisen zu erlernen, die sie dann auch auf andere Inhalte übertragen können.

Aber die Arbeitsphase ist auch für die allgemeine Entwicklung von großer Bedeutung. In jedem Miteinander, in jeder Form von Unterricht – auch bei bibliothekspädagogischen Angeboten – findet immer auch soziales Lernen statt. Die SuS lernen, sich in unserer Gesellschaft zu Recht zu finden, welche Umgangs- und Sozialformen erwünscht sind und entwickeln sich persönlich weiter. Jede Handlung (und jedes Nicht-Handeln) der Lehrenden ist eine pädagogische Handlung und hat Auswirkungen auf die Lernerfahrung der SuS und deren weiterer Entwicklung.

Hilbert Meyer stellt diese verschiedenen Ebenen didaktischen Handelns in direkte Verbindung zu den einzelnen Aktionen in der Arbeitsphase:

„1. Durch das selbsttätige Arbeiten sollen die Sach-, Sozial- und Sprachkompetenzen der Schüler gefördert werden.
2. Durch die Thematisierung des methodischen Vorgehens sollen die Schüler angeregt werden, ihre Methodenkompetenzen bewusst weiterzuentwickeln.
3. Durch die Verständigung über die im Unterricht anzustrebenden Handlungsprodukte sollen die Schüler zur Selbständigkeit des Denkens, Handelns und Fühlens ermuntert werden." (Meyer 2003, 152)

In dieser Phase ist eine Aktivierung der SuS besonders wichtig. Hier werden die zu vermittelnden Sachinhalte und Kompetenzen mit den verschiedenen Unterrichtsmethoden verknüpft. Bei der Wahl der Methoden sollten Sie darauf achten, Kopf, Herz und Hände der SuS gleichermaßen anzusprechen. Es reicht eben nicht, die Inhalte einfach nur darzustellen oder vorzutragen. Nur durch selbsttätiges Erarbeiten und Ausprobieren durch die SuS können die Inhalte bzw. Fertigkeiten und Kompetenzen dauerhaft verankert werden. (Auch hier gilt wieder: Weniger ist mehr – lieber weniger Inhalte vermitteln, diese aber dafür dauerhaft.) Im handlungsorientierten Unterricht hat die Lehrkraft stärker die Rolle eines Coaches. Sie bereitet alles vor, stellt Materialien zur Verfügung und fördert und begleitet die SuS.

**Ergebnissicherung**

Im Gegensatz zu den oben genannten verschiedenen Ebenen von der sachlichen bis zur allgemeinen Entwicklung der SuS wird bei der Ergebnissicherung im Wesentlichen auf die inhaltliche und sachbezogene Ebene zurückgegriffen. Zusammenfassung des bisherigen Unterrichtsgeschehens und Zusammentragen der Einzelergebnisse sind die Hauptelemente dieser Phase. Dabei sind der Kreativität kaum Grenzen gesetzt: Von einfachen Protokollen über Handzettel, Guides und Anleitungen kann eine gemeinsame Zusammenfassung auch über eine Wandzeitung, Ausstellung oder eine gemeinsame Veröffentlichung transportiert werden.

Eine Reflektion über den bisherigen Ablauf der Veranstaltung und eine Feedbackrunde gehören ebenfalls in diese Phase. Sie machen nicht nur das „was" fassbar, sondern auch das „wie" – den Weg, den Lehrkraft und SuS in der Veranstaltung gemeinsam zurückgelegt haben.

## 5.4 Tools und Methoden

LERNZIELE

- Sie erarbeiten sich einen Überblick über die Vielfalt der Methoden, die für pädagogische Veranstaltungen zur Verfügung stehen.
- Sie können verschiedene Methoden und deren Eignung für Ihre Angebote bewerten.

Was genau verstehen wir unter Unterrichtsmethoden?

Unterrichtsmethoden sind Handlungsmuster, -konzepte, -techniken und -ideen, die es den Lehrkräften ermöglichen, Inhalte und Aktivitäten an die SuS heranzutragen. Dabei werden auf der Mikroebene vorhergeplante Unterrichtssituationen arrangiert, die Lehrkräfte und SuS dazu bringen, miteinander auf einer vorgegebenen Grundlage zu kommunizieren und gemeinsam an den Inhalten zu arbeiten. (vgl. hierzu auch Meyer 1994, 37-48)

Einige Grundlagen für die Gestaltung eines methodischen Ablaufs einer Veranstaltung habe ich bereits in „5.2 Didaktisches „Verpacken“ und „5.3 Phasen im Unterricht: klassischer 3-Schritt“ vorgestellt.

Nun sind die Methoden aber der Punkt in den didaktischen Planungen, für den es die meisten Nachfragen gibt. Methodensammlungen haben nach wie vor Hochkonjunktur und bilden eine anregende Grundlage für die kreativ-abwechslungsreiche Gestaltung von Unterricht.

Beispiele für Unterrichtsmethoden und -techniken:

| Einstieg | Arbeitsphase | Abschluss |
|---|---|---|
| Vorstellungsrunde<br>Partnerinterview<br>Blitzlicht<br>Fahrplan/Übersicht<br>Warming up<br>Kennenlernspiele<br>... | Expertenbefragung<br>Pyramidenmethode<br>Rollenspiele<br>Aktives Strukturieren – Clustern<br>Fishbowl<br>Rallye<br>Wold-Cafe<br>Spiele<br>Gruppenarbeit<br>Diskussion<br>Kartenabfrage<br>Brainstorming<br>Visulisierung<br>Arbeitsgruppen<br>... | Lernquiz<br>Kofferpacken<br>Zusammenfassung<br>Target<br>Minutenabfrage<br>Feedbackrunde<br>Evalutionsbögen<br>... |

An dieser Stelle kann keine erschöpfende Auflistung von Methoden gegeben werden. Nutzen Sie die weiterführende Literatur und die Linktipps, um sich inspirieren zu lassen. Vor allem Titel aus dem Bereich der Unterrichtsgestaltung, Erwachsenenbildung und Trainer-Literatur können spannende neue Ideen für die Gestaltung von Schulungen und Lehrveranstaltungen geben.

**LINKTIPP**

Der Verein „Zentrale für Unterrichtsmedien im Internet e.V." hat auf seinem ZUM-Wiki eine beachtliche Sammlung von Methoden und Techniken zusammengestellt: https://wiki.zum.de/wiki/Kategorie:Methoden

Die Universität Köln hat einen guten Überblick erarbeitet und online aufbereitet: http://methodenpool.uni-koeln.de/frameset_uebersicht.htm

Das Landesinstitut für Schule in Nordrhein-Westfalen QUA-LIS NRW hat eine umfangreiche und sehr übersichtlich aufbereitete Methodensammlung online gestellt:
http://www.schulentwicklung.nrw.de/methodensammlung/

**Literaturtipp**

Gugel, Günther (2011): 2000 Methoden für Schule und Lehrerbildung. Das große Methoden-Manual für aktivierenden Unterricht. 1., überarb. und neu ausgestattete Aufl. Weinheim, Basel: Beltz (Pädagogik).

Harris, Bryan (2013): Mehr Motivation und Abwechslung im Unterricht! 99 Methoden zur Schüleraktivierung; [geeignet für die Klassen 5 – 13]. Mülheim a. d. Ruhr: Verl. an der Ruhr.

Klippert, Heinz: Methodentraining. Übungsbausteine für den Unterricht. – Weinheim: Beltz, 2012. – 20. Aufl. – 978-3407627230

Knoll, Jörg: Kurs- und Seminarmethoden. Ein Trainingsbuch zur Gestaltung von Kursen und Seminaren, Arbeits- und Gesprächskreisen. – Weinheim: Beltz, 2007. – 11. überarb. u. erw. Aufl. – 978-3-407-36446-3

Weidenmann, Bernd: Handbuch Active Training. Die besten Methoden für lebendige Seminare. – Weinheim: Beltz, 2008. – 2., erw. Aufl. 978-3-407-36460-9

**PRAXISAUFGABE**
Überlegen Sie sich, welche Methoden für die geplante Veranstaltung in Frage kommen.
Welche Methoden beherrschen Sie bereits?
Und welche Methoden möchten Sie gerne einmal ausprobieren?
Lassen Sie sich von der breiten Fachliteratur zu Unterrichts- und Seminarmethoden inspirieren.

## 5.5 Planungsraster

**LERNZIELE**
- Sie lernen die Handhabung und die Vorteile eines Planungsrasters kennen.
- Sie können Ihre eigene bibliothekspädagogische Veranstaltung gut strukturiert und plausibel planen und verschiedene Szenarien für den Unterrichtsverlauf entwerfen.

In einem Planungsraster legen Sie den idealen Ablauf eines Lehrangebotes fest. Alle bisher gesammelten Bausteine fließen als Vorbereitung in das Planungsraster ein. Ein Planungsraster ist wie ein Drehbuch, unterteilt in einzelne Akte und Szenen, das den Unterricht „inszeniert" und alle Informationen in kurzer übersichtlicher Form präsentiert, die für die Durchführung nötig sind. Es dient dazu, den Unterrichtsverlauf in übersichtlicher Form so darzustellen, dass die Lehrkraft bzw. die Bibliothekarin während der Veranstaltung nur noch sehr wenig Aufmerksamkeit auf die geplante Struktur verwenden muss. Sie kann gut vorbereitet die einzelnen Schritte gemeinsam mit den Schülern „abarbeiten" und sich ganz auf das Unterrichtsgeschehen konzentrieren. (Vergleiche hierzu auch: Meyer 2003, 115-120)

Das Planungsraster besteht aus folgenden Elementen:

- **Zeitschiene:** Sie können hier die jeweilige Dauer der einzelnen Schritte im Unterrichtsgeschehen eingeben. Schätzen Sie diese möglichst realistisch ein, Sie können dabei auf Ihre bisherigen Erfahrungen oder Aussagen der Kolleginnen zurückgreifen.

- **Lernziel:** Nicht nur die gesamte Veranstaltung, sondern auch jeder einzelne Handlungsschritt in der Lehrveranstaltung hat ein eigenes Lernziel. Mit der Formulierung dieser Mikro-Lernziele machen Sie sich die Bedeutung jedes einzelnen Abschnittes im Gesamtkonzept deutlich und können besser überprüfen, ob die gewählten Methoden zu den Lernzielen passen.
- **Inhalt:** Ähnlich verhält es sich bei den Inhalten der einzelnen Abschnitte im Unterrichtsgeschehen. Hier ist nicht der übergeordnete Gesamtinhalt gefragt, sondern die jeweils in jedem Abschnitt vermittelten Inhalte.
- **Methode/Sozialform:** Hier wird es dann ganz konkret. Sie beschreiben, was Sie in den einzelnen Abschnitten tun möchten, welche Methoden Sie anwenden werden und überlegen sich, in welcher Sozialform (Einzelarbeit, Gruppenarbeit, Partnerarbeit, Vortrag usw.) die SuS arbeiten werden.
- **Medien:** Hier stellen Sie sich die Liste der Gegenstände, Materialien, Arbeitsblätter, Geräte usw. zusammen, die Sie für die Durchführung in den einzelnen Abschnitten benötigen. So können Sie auch direkt sehen, was noch besorgt, erstellt oder produziert werden muss.

Hilbert Meyer fügt noch zwei weitere Spalten in das Planungsraster ein, die vor allem unerfahrenen Bibliothekarinnen helfen können: Eine genauere Beschreibung des geplanten Lehrerverhaltens steht dann einer Vorwegnahme des erwarteten Schülerverhaltens gegenüber. (Meyer 2003, 115-120)

Bei der Erstellung des Planungsrasters überlegen Sie sich also schon im Voraus, wie die SuS in den einzelnen Abschnitten reagieren werden. Sie planen das Verhalten der SuS mit ein und können auch verschiedene Handlungs- bzw. Unterrichtsoptionen benennen. Das Planungsraster ist quasi Ihr Szenario im Kopf, bei dem Sie das zukünftige Unterrichtsgeschehen vorwegnehmen und durchspielen können. Jetzt sind noch Änderungen und Anpassungen möglich. Schauen Sie dabei auch auf die Plausibilität der einzelnen Abschnitte zueinander.

Worauf Sie bei den Planungen achten sollten:

- Beachten Sie, dass sich aktive Phasen mit selbstständigem Arbeiten mit ruhigen Phasen (z. B. des Vortrags) abwechseln sollten.

- Seien Sie abwechslungsreich – wechseln Sie verschiedene Methoden und Sozialformen ab.
- Ist die Reihenfolge der Schritte schlüssig? Können Aufträge in der vorgegebenen Reihenfolge von den SuS erledigt werden? Oder fehlen bei einem Schritt noch Voraussetzungen, die in einem vorigen Schritt erst gegeben werden müssen?
- Planen Sie Pausen je nach Konzentrationsfähigkeit und Alter der SuS ein.

| Phase | Zeit | Lernziel | Inhalt | Methode/Sozialform | Medien |
|---|---|---|---|---|---|
| | | | | | |

Abbildung 16: Praxisaufgabe Planungsraster

| Phase | Zeit | Lernziel | Inhalt | Methode/Sozialform | Medien |
|---|---|---|---|---|---|
| **Begrüßung** | | | | | |
| | 5 | Kennenlernen, Ankommen | Begrüßung, Vorstellung | Vortrag | |
| | 5 | | Gruppenbildung mit Spiel/Puzzle o. ä. | | Spiel/Puzzle o. ä. |
| **Einstieg** | | | | | |
| | 5 | SuS abholen, Vorwissen aktivieren | „Welche Suchmaschinen kennt ihr/gibt es?“ | Diskussion in der Gruppe | ggf. Visualisierung am Flipchart |
| | 5 | SuS abholen, Vorwissen aktivieren | „Welche Suchmaschinen nutzt ihr?“ | Diskussion in der Gruppe | ggf. Visualisierung am Flipchart |
| **Arbeitsphase I** | | | | | |
| | 15 | SuS gewinnen einen Überblick über verschiedene Suchmaschinen | 5 Beispiele für Suchmaschinen vorstellen (5 Min.);<br>Merkmale/ Kriterien von Suchmaschinen generell vorstellen (10 Min.) | Vortrag | Laptop, Beamer, Präsentation |
| | 5 | SuS mit der Aufgabe vertraut machen | Fragebogen von Suchmaschinen vorstellen | Erklärung | Fragebogen zur Erkundung der Suchmaschine, Stifte |
| | 20<br><br>10 | Suchmaschinen nach vorgegebenen Kriterien untersuchen und bewerten können; Ergebnisse strukturiert vortragen können | jede Gruppe erhält 1 Suchmaschinen-Karte und 1 Fragebogen;<br>dann gehen die Gruppen an die Internetarbeitsplätze und recherchieren „ihre“ Suchmaschine;<br>SuS füllen den Fragebogen zu „ihrer“ Suchmaschine aus;<br>wieder im Plenum berichten die Gruppen von ihren Erfahrungen (Lösungszettel gibt es für alle als Zusammenfassung am Ende zum Mitnehmen.) | Gruppenarbeit | 10 Karten mit Suchmaschinen-Logos und Links (5 Suchmaschinen je 2 mal) [Anzahl ggf. den Gegebenheiten der Bibliothek anpassen];<br>Fragebogen zur Erkundung der Suchmaschine für jeden SuS; ausreichend Internet-Arbeitsplätze |

| Phase | Zeit | Lernziel | Inhalt | Methode/Sozialform | Medien |
|---|---|---|---|---|---|
| **Arbeitsphase II** | | | | | |
| | 5 | Vorwissen aktivieren | „Wie habt ihr bisher in Suchmaschinen gesucht?“ | Diskussion in der Gruppe | ggf. Visualisierung am Flipchart |
| | 15 | SuS lernen neue Wege der Suchmaschinennutzung kennen | Tipps und Tricks zur Suchmaschinennutzung | Vortrag | Laptop, Beamer, Präsentation; Infozettel mit Tipps und Tricks für die SuS |
| | 5 | SuS mit der Aufgabe vertraut machen | Arbeitsaufträge für die nächste Gruppenarbeitsphase vorstellen | Erklärung | Arbeitszettel |
| | 20<br><br><br><br><br>10 | SuS probieren neue Wege der Suchmaschinennutzung aus | Gruppen gehen an die Internetplätze und probieren die Tipps und Tricks für die Recherche aus;<br>Erfahrungen und Auffälligkeiten notieren;<br>wieder im Plenum berichten die SuS von ihren Erfahrungen | Gruppenarbeit | Arbeitszettel, Stifte |
| **Abschluss** | | | | | |
| | 5 | Wiederholung des Gelernten, Verfestigen durch Verschriftlichung | Zusammenfassung/Rückschau auf das Training<br>Verteilung des „Suchmaschinen-Guide“, auf dem alle Ergebnisse zusammengefasst sind | Vortrag | „Suchmaschinen-Guide“ |
| | 5 | Feedback geben | Feedbackrunde über das Recherchetraining an sich, Rückmeldungen an das Bibliothekspersonal | Diskussion in der Gruppe | |
| | 5 | Abschluss | Verabschiedung | | |
| **Gesamt:** | 150 Min. = 2,5 Zeit-Std. = 3,5 Unterrichts-einheiten | | | | |

Abbildung 17: Beispiel für ein Planungsraster zum Thema Suchmaschinen

**PRAXISAUFGABE**
Legen Sie für eine bibliothekspädagogische Veranstaltung (z. B. für 90 Minuten) ein Planungsraster an. Achten Sie auf die 3 Phasen, die Plausibilität der einzelnen Abschnitte und planen Sie Verhaltensvarianten für die Schülerreaktionen mit ein. Seien Sie realistisch mit den Zeitvorgaben. Weniger ist mehr – ggf. müssen Sie bei den Lehrinhalten, die Sie vermitteln möchten, reduzieren, um die Zeitvorgabe erfüllen zu können.

## 5.6 Vorbereitung/Checkliste

**LERNZIELE**
- Sie machen sich durch eine strukturierte Vorbereitung schon vor der Veranstaltung Gedanken über die Ausführungen.
- Sie erleichtern sich selbst die Arbeit durch eine sinnvolle Dokumentation.
- Sie vergessen keine wichtigen Punkte und „ent-stressen" die Vorbereitung.

Sie haben nun schon die größten Aufgaben auf dem Weg zu einem fundierten Unterrichtskonzept hinter sich gebracht. Die wichtigsten Entscheidungen sind gefallen und Sie können die konkrete Veranstaltung planen und vorbereiten.

Nutzen Sie dazu eine Checkliste, die Sie auch durch Ihre eigenen Anmerkungen nach und nach ergänzen.

Gerade dann, wenn Sie eine solche Veranstaltung auch mehr oder weniger spontan aus dem Hut zaubern könnten, hat sich der Aufwand der detaillierten, ausführlichen Ausarbeitung gelohnt. Wenn Ihr Konzept gut ausgearbeitet ist, könnte sogar eine Kollegin die Veranstaltung übernehmen.

**PRAXISAUFGABE**
Machen Sie Ihr Konzept nun durch die Checkliste zur Vorbereitung und Durchführung vollständig. Lassen Sie auch Kolleginnen einmal über Ihre Unterlagen schauen und lassen Sie sich Feedback geben.
Und schließlich: Viel Spaß bei der Durchführung!

| Name und Art der Veranstaltung | |
|---|---|
| Dauer der Veranstaltung | |
| Zusammenhang und/oder Abhängigkeit von anderen Veranstaltungen/curriculare Einbindung | |
| zu erwartende Teilnehmerzahl (Art der TeilnehmerInnen siehe Zielgruppenanalyse) | |
| Raum und Ausstattung | |
| Benötigte Geräte und Materialien | |
| Absprachen mit dem Lehrer/Vorarbeiten in der Schulklasse | |
| Weitere Vorbereitungsaufgaben | |

Abbildung 18: Checkliste für die Veranstaltung

# 6. Umgang mit den Schülerinnen und Schülern

LERNZIELE

- Sie lernen verschiedene Handlungsmöglichkeiten kennen, mit denen Sie schwierigen SuS begegnen können.
- Sie reflektieren Ihr eigenes Vorgehen und können neue Alternativen entwickeln.

„Die SuS werden immer schwieriger – die Verhältnisse immer komplexer – ich weiß nicht, was ich mit den SuS nur machen soll. Die sind ja außer Rand und Band“. So oder so ähnlich könnten die Klagen lauten, die entstehen, wenn der Umgang mit den SuS nicht reibungslos funktioniert, wenn die Klassen unruhig sind oder einzelne Kinder die Veranstaltung stören.

Auch wenn wir uns als die Lehrenden verstehen, wenn wir bibliothekspädagogische Angebote durchführen, die Lehrkraft, die die Klasse begleitet ist und bleibt die rechtliche Aufsichtsperson für diese Klasse. Die Klasse ist in der Bibliothek zu Gast – auch wenn wir uns wünschen, dass sie sich so wohl fühlen wie zu Hause. Die Aufsichtspflicht der begleitenden Lehrkraft erlischt nicht, während die Bibliothekarinnen die Veranstaltung durchführen.

Im Zweifelsfall ist die begleitende Lehrkraft Ansprechpartnerin für Fragen zum Umgang mit der Klasse – im Vorfeld genauso, wie bei Zwischenfällen während der Veranstaltung. Gemeinsam lassen sich die besten Lösungen finden.

Trotzdem ist die Bibliothekarin die Hauptperson, die pädagogisch handelt, die begleitende Lehrkraft tritt in den Hintergrund. Deshalb ist es wichtig, sich über den Umgang mit den SuS – auch oder gerade in schwierigen Situationen – Gedanken zu machen.

Die Frage „Wie gehen erfolgreiche Lehrkräfte mit unruhigen Klassen um?“ ist mittlerweile in vielen Studien untersucht worden. Eine Lehrkraft ist nicht nur auf pädagogisches Talent angewiesen, um mit den SuS umgehen zu können. Das viel gerühmte „pädagogische Geschick" lässt sich lernen und Handlungsideen lassen sich aus der Fachliteratur ableiten.

Aber was ist eigentlich genau mit Störungen oder störendem Verhalten gemeint? Störungen können sich auf viele verschiedene Weisen ausdrücken:

- Akustische Störungen (z. B. durch lautes Reden)
- Aufmerksamkeitsstörungen (z. B. Desinteresse, Ablenkbarkeit)
- Unruhiges Verhalten (z. B. Herumlaufen, Kabbeleien)
- Wertekonflikte (z. B. wenn die anderen SuS eine Mitarbeit als Strebertum bewerten)
- Emotionales Fehlverhalten (z. B. Beschimpfungen, Aggressionen)

Die beste Art, mit Störungen umzugehen ist, diese gar nicht erst entstehen zu lassen. Prävention macht einen großen Teil der Maßnahmen aus, die „erfolgreiche Lehrkräfte" nutzen, um Störungen zu vermeiden.
Nolting unterteilt diese in vier Bereiche:

1. Prävention durch Regeln und Organisation:
   Hierzu gehört nicht nur, Verhaltensregeln aufzustellen, einen gemeinsamen Konsens auf ein Ordnungssystem herzustellen, sondern auch die Unterrichtsabläufe so vorzubereiten, dass keine Unterbrechungen entstehen.
2. Prävention durch breite Aktivierung:
   Die SuS werden bei der Stange gehalten, der Aufmerksamkeitslevel ist hoch und der Unterricht abwechslungsreich.
3. Prävention durch Unterrichtsfluss:
   Auch von der Lehrkraft sollten keine Störungen oder Unterbrechungen im Unterrichtsgeschehen ausgehen.
4. Prävention durch Präsenz- und Stoppsignale:
   Die Lehrkraft hat ihre Aufmerksamkeit überall, nimmt alle Regungen und aufkeimenden Störungen wahr, reagiert, ohne die anderen SuS auf dem Blick zu verlieren. Multitasking zwischen Störungen stoppen und den Unterricht weiterführen ist eine hohe Kunst des Klassenmanagements. (Nolting 2013, 42-43)

Ein wichtiger Schritt im Umgang mit dennoch auftretenden Störungen sollte sein, die genauen Ursachen und Zusammenhänge zu erkunden. Dazu gehört auch, das eigene Verhalten zu reflektieren und zum Verhalten der SuS in Beziehung zu setzen. Dabei sollte nicht in erster Linie die „Schuld“ (z. B. mit der Etikettierung ADS oder ADHS) bei jemandem gesucht werden oder „äußere Faktoren“ (wie z. B. zu viel Medienkonsum, bildungsfernes Elternhaus) für das Verhalten verantwortlich gemacht werden. Der alleinige Blick auf die SuS beschränkt die Handlungsmöglichkeiten zu sehr. Ob eine Gruppe Lernender unruhig oder kooperativ aufmerksam ist, hängt eben auch von der Lehrkraft ab. Das Phänomen kennt sicher jeder aus der eigenen Schulzeit: Bei der einen Lehrkraft war die Klasse kaum zu bändigen, bei einer anderen dagegen voll auf den Unterricht fokussiert. Wenn sich der Blick sowohl auf das Schülerverhalten, als auch auf das eigene Verhalten richtet, erweitern sich die Möglichkeiten, auf die Störungen einzugehen, deutlich.

Um die geeigneten Handlungsmöglichkeiten herauszufinden, muss die Situation, die als Störung empfunden wurde, genauer untersucht werden. Lohmann (Lohmann 2011, 23) sieht drei mögliche Ziele, die die SuS mit ihren Störungen verfolgen könnten:

1. Die SuS versuchen der Langeweile zu entkommen – Störungen als „Langeweile-Reduzierungsstrategie“. Die SuS sind innerlich nicht an der Veranstaltung beteiligt – sie sind von intrinsischer (eigener innerer) Motivation weit entfernt. Langeweile kann Sowohl durch Über- als auch durch Unterforderung entstehen.
2. Die SuS wollen eigentlich Spaß (mit ihren MitschülerInnen) haben und suchen nach Möglichkeiten zur Kommunikation untereinander.
3. Die SuS suchen nach Aufmerksamkeit und Anerkennung – der anderen SuS oder der Lehrkraft. (Auch negative Aufmerksamkeit – z. B. durch erzieherische Maßnahmen auf Grund des Störens).

Ich möchte noch ein viertes Ziel ergänzen:

4. Die SuS fühlen sich nicht eingebunden, nicht ernst genommen bzw. haben kein Mitspracherecht. Durch Störungen versuchen sie zu erreichen, dass mit ihnen über die Situation verhandelt wird.

Der nächste Schritt besteht darin, sich eine große Bandbreite von Handlungsmöglichkeiten zu verschaffen, mit der auf die jeweiligen Situationen reagiert werden kann. Diese Handlungsmöglichkeiten lassen sich in drei Bereiche gliedern:

1. Beziehung zu den SuS (jede Form von pädagogischem Handeln ist Beziehungsarbeit),
2. Disziplinmanagement,
3. Unterricht.

Eine österreichische Studie hat nach diesen drei Handlungsbereichen erfolgreiche Lehrkräfte, die gut mit Störungen umgehen können in drei Typen unterteilt. Diese drei Typen verfolgen jeweils unterschiedliche Strategien, um auf die Störungen zu reagieren:

1. Typ Sozialpädagoge: Für ihn ist Beziehungsarbeit wichtig. Seine Strategien legen viel Wert auf Verständnis, miteinander reden, selbst Vorbild sein, wertschätzender Umgang miteinander und Humor.
2. Typ Fachmann: Für ihn steht die fachliche Bedeutung des Unterrichtsinhaltes im Vordergrund. Er reagiert hauptsächlich mit strukturiertem Unterricht, klaren Lernzielen, motivierenden/aktivierenden und spannenden Methoden und einem klaren Bezug des Unterrichts zur Lebenswelt der SuS.
3. Typ Dompteur: Er stützt sich vor allem auf Disziplinierungsmaßnahmen. Er übt viel Kontrolle aus, stellt klare Regeln auf, arbeitet mit Eltern und Kollegen zusammen und sanktioniert auch unerwünschtes Verhalten. (Lohmann 2011, 34-35)

Am wirkungsvollsten ist immer eine Mischung aus Strategien, die alle drei Bereiche abdecken.

Bei den nachbereitenden Überlegungen zu aufgetretenen Störungen kann nach Lohmann in fünf Schritten vorgegangen werden. Lohmann legt dabei deutlich den Wert auf Evaluation und Reflexion. Die Lehrkraft kann nur sich selbst, das eigene Verhalten oder die Lernumgebung wirkungsvoll ändern. Der direkte Einfluss auf das Verhalten der SuS ist begrenzt und wenn, dann meist eher disziplinarischer (und damit dem Unterricht nicht förderlicher) Natur.

Durch die eigene Veränderung (der Einstellung, des Verhaltens, des Veranstaltungskonzeptes) ändert sich auch das Verhalten der SuS. Dieses Konzept fördert ein aktives Umgehen mit den schwierigen Situationen und fördert die Selbstwirksamkeit der Lehrenden.

Lohmanns Fünf-Schritte Konzept:

„1. Beschreiben Sie
   - eine Problemsituation, die sie verändern möchten,
   - Ihre bisherigen Problemlösungsversuche.
2. Analysieren Sie Ihre Beschreibung:
   - Gibt es alternative Interpretationen des Problems?
   - Welche Prinzipien, Vorstellungen und Grundannahmen liegen Ihren bisherigen Problemlösungsversuchen zugrunde?
3. Informationssammlung:
   - Sammeln Sie möglichst viele verschiedene Möglichkeiten, nutzen Sie dazu verschiedene Informationsquellen (z. B. Fremdbeobachtung, wissenschaftliche Theorien) und die eingangs beschriebenen Anregungen.
4. Entwickeln Sie neue Theorien und Strategien:
   - Welche alternativen Perspektiven bzw. Theorien bieten Ihnen mehr, andere oder bessere Handlungsmöglichkeiten?
   - Entwerfen Sie entsprechende Handlungsstrategien und spielen Sie diese durch.
   - Wählen Sie die vielversprechendste aus bzw. diejenige, die Sie am besten mit Ihren Überzeugungen vereinbaren können.
5. Setzen Sie die Handlungen um und evaluieren Sie.“ (Lohmann 2011, 54)

**Literaturtipp**

Lohmann, Gert (2011): Mit Schülern klarkommen. Professioneller Umgang mit Unterrichtsstörungen und Disziplinkonflikten. 8., überarb. Aufl. Berlin: Cornelsen Scriptor (Scriptor Praxis – Unterrichten).

Nolting, Hans-Peter (2013): Störungen in der Schulklasse. Ein Leitfaden zur Vorbeugung und Konfliktlösung. 11. Aufl. Weinheim [u. a.]: Beltz (Beltz Taschenbuch, 935).

Die möglichen Strategien und Lösungsvorschläge können hier nur kurz genannt, aber nicht weiter vertieft werden.

Einen sehr gut lesbaren Einstieg in das sogenannte „kooperative Klassenmanagement“ liefert Lohmann. Er schildert mit vielen Beispielen sehr lebensnah die analytische und ganz praktische Vorgehensweise bei Störungen in und mit Klassen. Seinen Schwerpunkt legt er auf Evaluation und Reflexion, mit der er dazu anhält, sich selbst zu verbessern und weiterzuentwickeln.

Nolting dagegen legt großen Wert auf die Prävention – das Ziel ist, Störungen erst gar nicht entstehen zu lassen. In seinem Titel gibt er auch ganz konkrete Hinweise, wie schon im Vorfeld eine disziplinierte, kooperative Atmosphäre erreicht werden kann.

# 7. Anhänge: Übersicht der Praxisaufgaben

| Kapitel | Praxisaufgabe |
|---|---|
| 2.1.4 | Recherche nach bibliotheks- und bildungspolitischen Grundlagen |
| 3.1 | Recherche nach Lehrplänen, Fachanforderungen und Bildungsstandards |
| 3.3 | Bibliothekspädagogische Angebote mit Kompetenzstufen des Referenzrahmens labeln |
| 3.4 | Eigene Angebote in einer Gesamtübersicht zusammenstellen |
| 4. | Eigene Lernerfahrungen reflektieren |
| 4.2 | Makro-, Meso- und Mikrodidaktische Zusammenhänge der eigenen Lehrveranstaltungen |
| 4.4 | Konkrete Veranstaltung entwerfen |
| 4.5 | Lehrinhalte auswählen und Lernziele benennen (Arbeitsblatt) |
| 4.6 | Zielgruppenanalyse (Arbeitsblatt) |
| 4.7 | Lehrinhalte mit dem didaktischen Filter einschränken (Arbeitsblatt) |
| 5.2 | „Didaktisches Verpacken“ der Lehrinhalte |
| 5.4 | Auswahl von Methoden |
| 5.5 | Erstellung eines Planungsrasters für eine eigene Veranstaltung (Arbeitsblatt) |
| 5.6 | Checkliste zur Vorbereitung und Durchführung (Arbeitsblatt) |

Die Arbeitsblätter zum Download finden Sie unter www.zwischenseiten.com

Arbeitsblatt Lehrinhalte und Lernziele
Arbeitsblatt Zielgruppenanalyse
Arbeitsblatt Didaktischer Filter
Arbeitsblatt Planungsraster
Arbeitsblatt Checkliste

# 8. Literaturverzeichnis

## Empfohlene weiterführende Literatur:

Gugel, Günther (2011): 2000 Methoden für Schule und Lehrerbildung. Das große Methoden-Manual für aktivierenden Unterricht. 1., überarb. und neu ausgestattete Aufl. Weinheim, Basel: Beltz (Pädagogik).

Hachmann, Ute; Hofmann, Helga (Hg.) (2007): Wenn Bibliothek Bildungspartner wird ... Leseförderung mit dem Spiralcurriculum in Schule und Vorschule. 1. Aufl. Expertengruppen Bibliothek und Schule und Kinder- und Jugendbibliotheken im Deutschen Bibliotheksverband e. V. Frankfurt/M.

Hanke, Ulrike; Sühl-Strohmenger, Wilfried: Bibliotheksdidaktik. Grundlagen zur Förderung von Informationskompetenz. – Berlin: deGruyter, 2016. – ISBN 978-3-11-035241-2

Harris, Bryan (2013): Mehr Motivation und Abwechslung im Unterricht! 99 Methoden zur Schüleraktivierung; [geeignet für die Klassen 5 – 13]. Mülheim a. d. Ruhr: Verl. an der Ruhr.

Keller-Loibl, Kerstin (2009): Handbuch Kinder- und Jugendbibliotheksarbeit. Bad Honnef: Bock + Herchen (Bibliothek und Gesellschaft).

Keller-Loibl, Kerstin; Brandt, Susanne (2015): Leseförderung in Öffentlichen Bibliotheken. Berlin, Boston: De Gruyter Saur (Praxiswissen).

Klippert, Heinz: Methodentraining. Übungsbausteine für den Unterricht. – Weinheim: Beltz, 2012. – 20. Aufl. – ISBN 978-3407627230

Knoll, Jörg: Kurs- und Seminarmethoden. Ein Trainingsbuch zur Gestaltung von Kursen und Seminaren, Arbeits- und Gesprächskreisen. – Weinheim: Beltz, 2007. – 11. überarb. u. erw. Aufl. – 978-3-407-36446-3

Lefrancois, Guy R. (2014): Psychologie des Lernens. 5., Aufl. 2014. Berlin: Springer Berlin (Springer-Lehrbuch).

Lehner, Martin (2013): Viel Stoff – wenig Zeit. Wege aus der Vollständigkeitsfalle. 4. Aufl. Bern: Haupt Verlag.

Lohmann, Gert (2011): Mit Schülern klarkommen. Professioneller Umgang mit Unterrichtsstörungen und Disziplinkonflikten. 8., überarb. Aufl. Berlin: Cornelsen Scriptor (Scriptor Praxis – Unterrichten).

Meyer, Hilbert: Was ist guter Unterricht? – Berlin: Cornelsen Scriptor, 2010. – ISBN 978-3-589-22047-2

Nolting, Hans-Peter (2013): Störungen in der Schulklasse. Ein Leitfaden zur Vorbeugung und Konfliktlösung. 11. Aufl. Weinheim [u. a.]: Beltz (Beltz Taschenbuch, 935).

Reckling-Freitag, Kathrin (2012): The Big 6 – Die großen 6. Fächerübergreifendes Recherchetraining mit den „6 Schritten“ für die Sekundarstufe I am Beispiel des Themas Klimawandel. Büchereizentrale Schleswig-Holstein. Rendsburg (Praxisarbeitshilfen).

Sühl-Strohmenger, Wilfried; Hanke, Ulrike; Straub, Martina (2012): Informationskompetenz professionell fördern. München: De Gruyter Saur (Praxiswissen).

Weidenmann, Bernd: Handbuch Active Training. Die besten Methoden für lebendige Seminare. – Weinheim: Beltz, 2008. – 2., erw. Aufl. ISBN 978-3-407-36460-9

## Verwendete und zitierte Literatur:

*Bildung in Deutschland 2016: Ein indikatorengestützter Bericht mit einer Analyse zu Bildung und Migration* 2016. 1. Auflage. Bielefeld: Bertelsmann, W. Online im Internet: URL: http://www.bildungsbericht.de/de/bildungsberichte-seit-2006/bildungsbericht-2016/pdf-bildungsbericht-2016/bildungsbericht-2016 [Stand 2016-08-08].

Aebli, Hans 1983. *Zwölf Grundformen des Lehrens: Eine allgemeine Didaktik auf Psychologischer Grundlage.* Stuttgart: Klett-Cotta.

Backhaus, Sita 2007. Spiralcurriculum Schule – Bibliothek. *Grundschule Deutsch*(13), 28-31.

Beiser, Sylvia 2008. Lernort Bibliothek. *BIT Online*(4). Online im Internet: URL: http://www.b-i-t-online.de/heft/2008-04/bau1.htm.

Bezirksregierung Düsseldorf 2011. *„Lernort Bibliothek" – auf dem Weg in eine digitale Zukunft: Ein Pilotprojekt des Landes Nordrhein-Westfalen.* Düsseldorf. URL: http://www.bezreg-duesseldorf.nrw.de/schule/privatschulen_sonstiges/pdf/Lernort_Bibliothek_-_auf_dem_Weg_in_eine_digitale_Zukunft.pdf.

Birgit Lücke 2005. Das Modulsystem der Stadtbücherei Warendorf: entstanden in Zusammenarbeit mit 11 Schulen aller Schulformen: Medienpartner – Bibliothek und Schule. Düsseldorf. URL: https://opus4.kobv.de/opus4-bib-info/frontdoor/index/index/docId/34 [Stand 2015-07-04].

Bleckmann, Peter & Durdel, Anja (Hg.) 2009. *Lokale Bildungslandschaften: Perspektiven für Ganztagsschulen und Kommunen.* 1. Aufl. Wiesbaden: VS, Verl. für Sozialwiss.

Bleckmann, Peter & Schmidt, Volker (Hg.) 2012. *Bildungslandschaften: Mehr Chancen für alle.* Wiesbaden: VS Verlag für Sozialwissenschaften/Springer Fachmedien Wiesbaden GmbH, Wiesbaden

Breiderhoff, Margit 2007. Mit einem Spiralcurriculum zur Bildungspartnerschaft: Möglichkeiten einer zielgerichteten Zusammenarbeit zur nachhaltigen Förderung der Lese- und Informationskompetenz. *ProLibris* 12(3), 114-115.

Daume, Heike C. 2005. *Spiralcurriculum: Bausteine der Leseförderung. Angebote zu dem, Bildungsplan. Hauptschule.* Villingen-Schenningen. URL: http://www.schulmediothek.de/oeb_und_schule/spiralcurriculum/Villingen-Schwenningen_Hauptschule.pdf [Stand 2015-07-04].

Deutscher Städtetag, Deutscher Städte- und Gemeindebund & Deutscher Bibliotheksverband e. V. 2016. *Bibliotheken als starke Vermittler für Bildung und Kultur in Städten und Gemeinden: Leitlinien und Hinweise zur Weiterentwicklung öffentlicher Bibliotheken.* Berlin, Köln. URL: http://www.bibliotheksverband.de/fileadmin/user_upload/DBV/positionen/final_160504_KS_Erklärung_Öffentliche_Bibliotheken.pdf.

Edelmann, Walter & Wittmann, Simone 2012. *Lernpsychologie.* 7., vollständig überarbeitete Aufl. Weinheim, Bergstr: Beltz, J.

Eichert, Christof 2007. Bildung als Standortfaktor, in Solzbacher, Claudia & Minderop, Dorothea (Hg.): *Bildungsnetzwerke und regionale Bildungslandschaften: Ziele und Konzepte, Aufgaben und Prozess.* Neuwied: LinkLuchterhand. (Praxishilfen Schule), 14-22.

Gugel, Günther 2011. *2000 Methoden für Schule und Lehrerbildung: Das grosse Methoden-Manual für aktivierenden Unterricht.* 1., überarb. und neu ausgestattete Aufl. Weinheim, Basel: Beltz. (Pädagogik).

Hachmann, Ute 2005. Das Spiralcurriculum Lese- und Informationskompetenz der Stadtbibliothek Brilon. *Bibliothek Forschung und Praxis* 29(1), 70-73.

Hachmann, Ute & Hofmann, Helga 2007. *Wenn Bibliothek Bildungspartner wird ...: Leseförderung mit dem Spiralcurriculum in Schule und Vorschule.* 1. Aufl. Frankfurt/M. URL: http://www.bibliotheksverband.de/fileadmin/user_upload/Kommissionen/Kom_BibSchu/Publikationen/2007-05-14_Broschuere.pdf [Stand 2013-08-28].

Hanke, Ulrike & Sühl-Strohmenger, Wilfried 2016. *Bibliotheksdidaktik: Grundlagen zur Förderung von Informationskompetenz.* (Bibliotheks- und Informationspraxis, Bd. Band 58Bd).

Harris, Bryan 2013. *Mehr Motivation und Abwechslung im Unterricht!: 99 Methoden zur Schüleraktivierung; [geeignet für die Klassen 5 – 13].* Mülheim a. d. Ruhr: Verl. an der Ruhr.

Haugg, Kornelia 2012. Potenziale lokaler Bildungslandschaften und Bündnisstrukturen für mehr Bildungsgerechtigkeit aus der Perspektive des Bundes, in Bleckmann, Peter & Schmidt, Volker (Hg.): *Bildungslandschaften: Mehr Chancen für alle.* Wiesbaden: VS Verlag für Sozialwissenschaften/Springer Fachmedien Wiesbaden GmbH, Wiesbaden.

Keller-Loibl, Kerstin 2009. *Handbuch Kinder- und Jugendbibliotheksarbeit.* Bad Honnef: Bock + Herchen. (Bibliothek und Gesellschaft).

Keller-Loibl, Kerstin & Brandt, Susanne 2015. *Leseförderung in Öffentlichen Bibliotheken.* Berlin, Boston: De Gruyter Saur. (Praxiswissen).

Klingenberg, Andreas. *Entwurf eines gemeinsamen Referenzrahmens Informationskompetenz.* URL: http://www.schulmediothek.de/fileadmin/pdf/referenzrahmen_ik_111111.pdf.

Kommission Informationkompetenz von VDB und DBV 2015. *Qualifikationsprofil des Teaching Librarian: Positionspapier der Gemeinsamen Kommission Informationskompetenz von VDB und DBV.* URL: http://zpidlx54.zpid.de/wp-content/uploads/2016/01/Qualifikationsprofil_Teaching_Librarian.pdf [Stand 2016-09-01].

Kultusministerkonferenz 2005. *Bildungsstandards der Kultusministerkonferenz: Erläuterungen zur Konzeption und Entwicklung.* München: Wolters Kluwer. (Veröffentlichungen der Kultusministerkonferenz). Online im Internet: URL: http://www.kmk.org/fileadmin/veroeffentlichungen_beschluesse/2004/2004_12_16-Bildungsstandards-Konzeption-Entwicklung.pdf [Stand 2015-09-02].

Lefrancois, Guy R. 2014. *Psychologie des Lernens.* 5., Aufl. 2014. Berlin: Springer Berlin. (Springer-Lehrbuch).

Lehner, Martin 2013. *Viel Stoff – wenig Zeit: Wege aus der Vollständigkeitsfalle.* 4. Aufl. Bern: Haupt Verlag.

Lohmann, Gert 2011. *Mit Schülern klarkommen: Professioneller Umgang mit Unterrichtsstörungen und Disziplinkonflikten.* 8., überarb. Aufl. Berlin: Cornelsen Scriptor. (Scriptor Praxis – Unterrichten).

Lücke, Birgit 2005. Am Anfang war das Ziel und das Ziel ist Weg geworden: Ein Kooperationsprojekt in Warendorf. *Beiträge Jugendliteratur und Medien* 57(2), 144-147.

Lücke, Birgit 2005. „Lernwerkstatt Warendorf". Schulen und Stadtbücherei bauen gemeinsam Brücken zu einer neuen Lernkultur. *Bibliothek Forschung und Praxis* 29(1), 116-119.

Martial, Ingbert v. 2002. *Einführung in didaktische Modelle.* 2. überarb. Baltmannsweiler: Schnerider-Verl. Hohengehren.

Maykus, Stephan 2009. Neue Perspektiven für Kooperation: Jugendhilfe und Schule gestalten kommunale Systeme von Bildung, Betreuung und Erziehung, in Bleckmann, Peter & Durdel, Anja (Hg.): *Lokale Bildungslandschaften: Perspektiven für Ganztagsschulen und Kommunen.* Wiesbaden: VS, Verl. für Sozialwiss., 37-55.

Meyer, Hilbert 1994. *Unterrichtsmethoden I: Theorieband.* 6. Aufl. Berlin: Cornelsen.

Meyer, Hilbert 2003. *Unterrichts-Methoden: II: Praxisband.* 10. Aufl. Frankfurt/M. Cornelsen Scriptor.

Meyer, Hilbert 2005. *Didaktische Modelle.* 7. Aufl. Berlin: Cornelsen Schulverlage.

Meyer, Hilbert 2014. *Was ist guter Unterricht?* 10. Aufl. Berlin: Cornelsen Scriptor.

Meyer, Meinert A. & Meyer, Hilbert 2007. *Wolfgang Klafki: Eine Didaktik für das 21. Jahrhundert?* Weinheim, Basel: Beltz. (Pädagogik).

Mitrowann, Andreas & Palmer-Horn, Ute 2000. *Lesen fördern in der Welt von morgen: Modelle für die Partnerschaft von Bibliothek und Schule.* Gütersloh: Verl. Bertelsmann-Stiftung.

Mittrowann, Andreas 1997. *Öffentliche Bibliothek und Schule – neue Formen der Partnerschaft: Zwischenbericht zum Modellprojekt: in Kooperation mit den Städten Greifswald, Hoyerswerda, Marburg, Ratingen, Rosenheim und Villingen-Schwenningen.* Gütersloh: Verl. Bertelsmann-Stiftung.

Nolting, Hans-Peter 2013. *Störungen in der Schulklasse: Ein Leitfaden zur Vorbeugung und Konfliktlösung.* 11. Aufl. Weinheim [u. a.]: Beltz. (Beltz Taschenbuch, 935).

Prange, Klaus & Strobel-Eisele, Gabriele 2015. *Die Formen des pädagogischen Handelns: Eine Einführung.* Zweite., überarbeitete Auflage. Stuttgart [Germany]: W. Kohlhammer.

Reckling-Freitag, Kathrin 2006. *Verankerung der Zusammenarbeit zwischen Bibliotheken und Schulen in den Lehrplänen Schleswig-Holsteins und den Bildungsstandards der Kultusministerkonferenz.* (Arbeits- und Informationsmaterialien). Rendsburg. URL: http://www.bz-sh.de/index.php/downloadbereich/download/78-arbeitshilfen/196-abs-1-web-2010.

Reckling-Freitag, Kathrin 2012. *The Big 6 – Die großen 6: Fächerübergreifendes Recherchetraining mit den „6 Schritten" für die Sekundarstufe I am Beispiel des Themas Klimawandel.* (Praxisarbeitshilfen). Rendsburg. URL: http://www.bz-sh.de/index.php/downloadbereich/download/78-arbeitshilfen/199-big6-ahi-2012.

Reckling-Freitag, Kathrin 2013. Chancen und Möglichkeiten öffentlicher Bibliotheken als aktive Partnerinnen in „Kommunalen Bildungslandschaften": dargestellt an theoretischen Überlegungen aus der Literatur und Beispielen aus der Praxis. Abschlussarbeit im Kontaktstudiengang Kultur-, Bildungs- und Medienmanagement. Universität Hamburg. URL: https://zwischenseiten.files.wordpress.com/2013/02/kbm-abschlussarbeit-harvard-gbfe-endgc3bcltige-version-korrigiert.pdf.

Schmidt, Stefan 2012. *Regionale Bildungslandschaften wirkungsorientiert gestalten: Ein Leitfaden zur Qualitätsentwicklung*. Gütersloh: Bertelsmann Stiftung.

Schneider, Ronald 2006. Bibliotheken als Bildungspartner: Erfahrungen aus der Arbeit der DBV-expertengruppe „Bibliothek und Schule". *Buch und Bibliothek* 58(4), 329-332.

Schuldt, Karsten 2012. *Bibliotheken als Bildungseinrichtungen?* 1. Aufl. Berlin: Simon Verlag für Bibliothekswissen.

Schultka, Holger 2005. Bibliothekspädagogik. *Bibliotheksdienst* 39(11), 1462-1488.

Schultka, Holger 2005. Bibliothekspädagogik und die Arbeit der AG Benutzerschulung des Landesverbandes Thüringen im DBV. Würzburg. URL: http://www.db-thueringen.de/servlets/DerivateServlet/Derivate-7021/schultka.pdf.

Schultka, Holger 2006. Vermittlung von Informationskompetenz – bibliothekspädagogische Aufgaben im gymnasialen und Hochschulbereich. *Mitteilungsblatt der Bibliotheken in Niedersachsen und Sachsen-Anhalt*(132), 20-32.

Siemens, George 2005. Connectivism: A Learning Theory for the Digital Age. *International Journal of Instructional Technology and Distance Learning* Vol. 2(No. 1). Online im Internet: URL: http://www.itdl.org/Journal/Jan_05/article01.htm.

Solzbacher, Claudia & Minderop, Dorothea (Hg.) 2007. *Bildungsnetzwerke und regionale Bildungslandschaften: Ziele und Konzepte, Aufgaben und Prozess*. Neuwied: LinkLuchterhand. (Praxishilfen Schule).

Stadt- und Schulbuecherei Gunzenhausen 2013. *Spiralcurriculum Deutsch*. URL: http://www.buecherei.gunzenhausen.de/files/buecherei/bildungspartner/lehrer/spiralcurriculum.pdf [Stand 2015-06-20].

Sühl-Strohmenger, Wilfried, Hanke, Ulrike & Straub, Martina 2012. *Informationskompetenz professionell fördern*. München: De Gruyter Saur. (Praxiswissen).

Weiß, Wolfgang W. 2011. *Kommunale Bildungslandschaften: Chancen, Risiken und Perspektiven*. Weinheim, München: Juventa-Verl. (48).

Wiater, Werner 2007. *Unterrichten und lernen in der Schule: Eine Einführung in die Didaktik*. Neubearb., 1. Aufl. Donauwörth: Auer. (Auer Didaktik).

Wopperer, Monika 2006. Spiralcurriculum Deutsch. *Öffentliche Bibliotheken in Bayern* 5(3), 16-19.

Wopperer, Monika 2006. Spiralcurriculum für Grund- und Hauptschulen – ein Brückenschlag zwischen Lehrplan und Bibliotheksangebot. *Öffentliche Bibliotheken in Bayern* 5(1), 30-31. Online im Internet: URL: https://www.oebib.de/fileadmin/redaktion/lesefoerderung/Praxisberichte/Bibliothek_und_Schule/01-spiralcurriculum.pdf [Stand 2015-06-20].

# 9. Abbildungsverzeichnis

# 10. Linkliste nach Kapiteln

Hier finden Sie die wichtigsten Links noch einmal als Übersicht – sortiert nach den Kapiteln, in denen Sie zuerst vorkommen. Sie können diese Liste auch als pdf-Datei auf www.zwischenseiten.com downloaden und die Links dann direkt aus der Übersicht heraus anklicken. Das erspart Ihnen viel Tipparbeit beim Abschreiben der Links.

Um laufend auf dem aktuellen Stand zu bleiben und über frische Links informiert zu werden, können Sie ZwischenSeiten auch auf Facebook folgen: www.facebook.com/zwischenseiten

**Linkliste:**

| Kapitel | Linktipp |
|---|---|
| 2.1.1 | http://www.bibliotheksverband.de/landesverbaende/ |
| | http://www.bideutschland.de/download/file/Medien-%20und%20Informations-kompetenz.pdf |
| | http://www.bibliotheksverband.de/fileadmin/user_upload/DBV/positionen/final_160504_KS_Erklärung_Öffentliche_Bibliotheken.pdf |
| 2.1.2 | http://www.bibliotheksverband.de/dbv/themen/bibliotheksgesetze.html |
| | http://www.bibliotheksverband.de/dbv/themen/bibliotheksgesetze/bundeslaender/stand-der-entwicklung.html |

| | |
|---|---|
| | http://www.bibliotheksverband.de/dbv/vereinbarungen-und-vertraege/bibliothekschule-kooperationsvereinbarungen.html |
| 2.1.4 | http://www.kmk.org/fileadmin/veroeffentlichungen_beschluesse/2012/2012_03_08_Medienbildung.pdf |
| | http://www.bildungsbericht.de/de/bildungsberichte-seit-2006/bildungsbericht-2016/pdf-bildungsbericht-2016/bildungsbericht-2016 |
| 2.4 | http://zpidlx54.zpid.de/wp-content/uploads/2016/01/Qualifikationsprofil_Teaching_Librarian.pdf |
| | https://www.htwk-leipzig.de/de/studieninteressierte/studienangebot/master/bibliotheks-und-informationswissenschaft/ |
| | http://www.bundesverband-lesefoerderung.de/lese-und-literaturpaedagogik/weiterbildung/ |
| | https://www.fh-koeln.de/weiterbildung/zertifikatskurs-lesefoerderung—experten-fuer-das-lesen-20152016_10142.php |
| | https://www.fh-koeln.de/weiterbildung/zertifikatskurs-teaching-librarian_9840.php |
| | https://www.kinderbuchhaus.de/weiterbilden/literaturpadagoge/ |
| 3.1 | https://www.kmk.org/de/themen/qualitaetssicherung-in-schulen/bildungsstandards.html |
| | http://www.bildungsserver.de/Bildungsplaene-Lehrplaene-der-Bundeslaender-fuer-allgemeinbildende-Schulen-400.html |
| 3.2.1 | http://www.bibliotheksverband.de/fileadmin/user_upload/Kommissionen/Kom_KinJug/Publikationen/2007-05-14_Wenn_Bibliothek_Broschuere.pdf |
| 3.3 | http://www.schulmediothek.de/fileadmin/pdf/referenzrahmen_ik_111111.pdf. |
| | http://www.informationskompetenz.de/index.php/referenzrahmen/ |
| 4.6 | http://www.oecd.org/berlin/publikationen/pisa-2012-ergebnisse.htm |
| | http://www.mpfs.de/startseite/ |
| | https://www.mmkh.de/newsmaterial/materialdownloads.html |
| | https://www.iqb.hu-berlin.de/bt/BT2015/Bericht |
| | http://www.shell.de/ueber-uns/die-shell-jugendstudie.html |
| 5.4 | https://wiki.zum.de/wiki/Kategorie:Methoden |
| | http://methodenpool.uni-koeln.de/frameset_uebersicht.htm |
| | http://www.schulentwicklung.nrw.de/methodensammlung/ |
| 7. | www.zwischenseiten.com |
| 10. | www.zwischenseiten.com |
| | www.facebook.com/zwischenseiten |

**Kathrin Reckling-Freitag**
Jg. 1970, studierte Bibliothekswesen an der FH in Bonn Abschluss 1992, Kultur- und Bildungsmanagement (berufsbegleitend) an der Uni Hamburg Abschluss 2014

Sie ist seit 2003 als freiberufliche Referentin in der Erwachsenenbildung tätig.

Nach 11 Jahren Tätigkeit in Gemeinde- und Krankenhausbüchereien wechselte sie in die Fachstellenarbeit.

Seit 2005 arbeitet sie in der Büchereizentrale Schleswig-Holstein, Arbeitsstelle Bibliothek und Schule. Dort erstellt sie Praxisarbeitshilfen für bibliothekspädagogische Konzepte, begleitet und berät Bibliotheken bei der Zusammenarbeit mit Schulen und leitet Projekte im Bereich Leseförderung und Medienpädagogik.

Seit Herbst 2014 Lehrbeauftragte an der Hochschule für Angewandte Wissenschaften Hamburg (HAW) für Bibliothekspädagogik.

Seit Oktober 2015 Mitglied der DBV-Kommission Bibliothek und Schule.

Ihre Schwerpunkte sind: Kooperation Bibliothek und Schule, Vermittlung von Informations- und Recherchekompetenz, eLearning, Open Educational Resources, Kultur- und Bildungsmanagement und Bibliothekspädagogik.

Sie bloggt unter: www.zwischenseiten.com

debus PÄDAGOGIK

Angelika Holderried, Birgit Lücke (Hrsg.)

# Handbuch Schulbibliothek

## Planung – Betrieb – Nutzung

ISBN 978-3-95414002-2, 240 S., € 29,80

Selbstlernzentrum, Schulmediothek, Lernatelier oder Leseecke – die Schulbibliothek hat viele Namen. Eines jedoch ist gewiss: Schulen brauchen heute einen Raum, in dem das entspannte Lesen genauso möglich ist wie das selbstständige Lernen. Hier finden die Schülerinnen und Schüler nicht nur Bücher, sondern auch Zeitschriften, Hörbücher, DVDs und Internetdatenbanken und lernen, zielgerichtet in diesen Medien zu recherchieren, um die gefundenen Informationen dann in einem neuen Kontext anzuwenden. Schülerinnen und Schüler, die eine gut ausgestattete Schulbibliothek nutzen können, lernen erfolgreicher – das haben verschiedene Studien nachgewiesen.
Wer erfolgreich eine Schulbibliothek aufbauen oder modernisieren möchte, kommt an diesem Handbuch nicht vorbei.

### Autorinnen und Autoren

Klaus Dahm | Helga Hofmann | Angelika Holderried | Eva von Jordan-Bonin | Ingrid Lange-Bohaumilitzky | Birgit Lücke | Andreas Müller | Carolin Rohrßen | Hanke Sühl

### Die Herausgeberinnen

**Angelika Holderried**
Diplombibliothekarin, MA in Germanistik, Soziologie und Empirischer Kulturwissenschaft, Leiterin „Schule und Bibliothek" bei der ekz.bibliotheksservice GmbH in Reutlingen.

**Birgit Lücke**
Diplombibliothekarin, Leiterin der Stadtbücherei Warendorf, Kooperationen mit allen Schulen und diversen Bildungseinrichtungen am Ort; seit 2009 Vorsitzende der Kommission Bibliothek und Schule im dbv e.V.

debus PÄDAGOGIK

Adolf-Damaschke-Str. 10, 65824 Schwalbach/Ts.
Tel.: 06196/86065, Fax: 06196/86060
info@debus-paedagogik.de
www.debus-paedagogik.de